AF273637

# Periferias y vivienda difusa

**Puente editores**
**Barcelona, España**
info@puenteeditores.com
www.puenteeditores.com

# Periferias y vivienda difusa

David H. Falagán

PUENTE EDITORES

Con el apoyo de:

Revisión del texto: Diego Galar Irurre

© David H. Falagán
y para esta edición
© Puente editores, Barcelona, 2025

*Printed in Spain*
ISBN: 978-84-128194-7-2
Depósito legal: B 484-2025
Impresión: Gráficas 94

# Índice

# Introducción

Lo que sigue a continuación son algunas reflexiones breves sobre la ciudad, o sobre la periferia, entendida esta como una parte importante, a veces olvidada, de la ciudad; en particular, sobre esa idea de ciudad que Aldo Rossi entendía como una arquitectura, una construcción en el tiempo. Esto puede parecernos hoy una obviedad, pero en la historia del pensamiento arquitectónico y urbano el concepto del tiempo no siempre ha tenido ese protagonismo, en especial tras una modernidad que contemplaba la ciudad desde una mirada más bien estática y convenientemente zonificada. Sin embargo, es sabido que para Rossi el tiempo formaba parte del reducido grupo de conceptos ineludibles para comprender lo que él denominaba "hechos urbanos", junto con el problema tipológico, el *locus*, la memoria colectiva, etc. Difícilmente podría haberse desarrollado una crítica más oportuna al "funcionalismo ingenuo" de su época —recordemos que Rossi publicó *La arquitectura de la ciudad* en 1966—[1] que mediante la reivindicación de un pensamiento analógico aplicado a la ciudad. Y debe reconocerse la tremenda influencia posterior de este acercamiento, aunque puede que parte de esta influencia no sea más que la expresión contextual del espíritu de una época.

En 1960 Kevin Lynch publicó *La imagen de la ciudad*,[2] probablemente una referencia pionera para la comprensión de la ciudad desde la experiencia de las personas. Para Lynch, la cualidad del tiempo y la percepción del habitante eran las bases de una construcción teórica del urbanismo que otorga una importancia fundamental a la percepción, siempre parcial y fragmentada, nunca continua. Para él, la imagen de la ciudad era algo así como la construcción híbrida que de ella hacemos las personas a través de los sentidos, en función de su legibilidad ambiental, su identidad, su estructura o sus significados. Resulta paradójico que la Fundación Rockefeller (paradigma de los poderes liberal-pragmáticos, aunque interesada en identificar los factores significativos de la planificación) subvencionara no solo la investigación de Lynch, sino también el trabajo casi simultáneo de Jane Jacobs (*Muerte y vida de las grandes ciudades*),[3] publicado en 1961 y que por fin reconocía la experiencia humana del vecindario como objeto de estudio urbano. Podemos decir que, además de la de Rossi, ambas investigaciones sirvieron para legitimar una perspectiva social en el análisis de la ciudad y dejaron claro que la arquitectura y la ciudad son hechos colectivos (inseparables de la vida y la sociedad en las que se inscriben).

El cambio de década nos dejaba otra perla bibliográfica que tiene también mucho interés para lo que se contará en las siguientes páginas. En 1972 se publicó *Aprendiendo de Las Vegas*,[4] el conocido estudio de Robert Venturi, Denise Scott Brown y Steven Izenour, que tenía su origen en el curso de proyectos que los tres dirigieron en la Yale University en 1968. Acompañados de un grupo de estudiantes —poco más de una docena—, llevaron a cabo un trabajo de investigación que pretendía reconocer y analizar la forma simbólica de una ciudad tan emblemática y singular como Las Vegas. Más allá del objetivo de la experiencia —devolver a la estética arquitectónica una comprensión social reconociendo sus recursos simbólicos—, es interesante el cambio de aproximación metodológica que abordan a la hora de interpretar la ciudad: fueron pioneros en observar y estudiar de manera específica el lenguaje de aquellos entornos construidos ya aceptados que nos rodean. Curiosamente, el enfoque es similar al que también utilizaría Rem Koolhaas en 1978 para redactar su propio manifiesto retroactivo de la ciudad de Nueva York, *Delirio de Nueva York*.[5] Tratando de entender las señales que la civilización había dejado en la Gran Manzana —la parcelación, la densidad libre o, por supuesto, los rascacielos—, Koolhaas se percata de que la ciudad es un antimanifiesto que solo podemos analizar y describir, no con la esperanza de desarrollar una teoría sobre ella, sino por la pura necesidad de comprender el sentido de su evolución. Probablemente, como más tarde ha apuntado Enrique Walker en sus *Registros de lo ordinario*,[6] la comprensión de la ciudad contemporánea depende en buena medida de nuestra capacidad para reconocer la expresión de los ecosistemas urbanos existentes. De hecho, Walker incorpora a esta reflexión un ejemplo más reciente, de 2001, que completaría una posible e incipiente genealogía del "manifiesto retroactivo", el conocido *Made in Tokyo*,[7] de Yoshiharu Tsukamoto y Momoyo Kaijima, fundadores de Atelier Bow-Wow, con Junzo Kuroda. La conclusión de estos relatos es que la diagnosis de la ciudad existente —tal y como nos la encontramos, o *as found*, por emplear la terminología de los propios Alison y Peter Smithson para denominar el reconocimiento de la realidad sobre la que opera la arquitectura— se ha convertido en un medio ineludible para observar una realidad urbana que no ha sido planificada y que no aspira a ser replicada, aunque podamos encontrar y reconocer patrones en su comportamiento.

De alguna manera, desde Rossi a Koolhaas —y más allá—, se ha cultivado un modelo de análisis de la ciudad que ha incorporado el tiempo como factor indispensable, y a las personas y a la actividad social como centro de la observación y reflexión urbana. Por eso, el territorio y la propia idea de periferia son interesantes como objeto de reflexión en torno a la ciudad. Las periferias han sido siempre lugares construidos en contacto con las implicaciones tanto de la espontaneidad como de la planificación en sus diferentes formas de desarrollo (o crecimiento). De hecho, el imaginario que conocemos proviene fundamentalmente de estos dos extremos y tiende a situarse entre las barriadas informales y los polígonos de vivienda (*housing estates, grands ensembles, Siedlungen*, etc.). Lo que hoy podemos denominar "periferia" está íntimamente relacionado con los procesos de expansión de las ciudades después de la Revolución Industrial, fenómenos que gozaron de cierta gloria académica en los laboratorios de urbanismo del siglo pasado con los estudios sobre formas de crecimiento y ciudad metropolitana. Entre las múltiples consecuencias de este momento histórico no puede obviarse la densificación en torno a los núcleos urbanos, cuyas infraestructuras y límites existentes no fueron capaces de alojar a la masa de población inmigrante que en esos momentos se desplazaba hacia los nuevos centros laborales. Las consecuencias de este proceso se traducirían en un aumento importante de la densidad urbana, el hacinamiento de la población en contextos de bajos recursos, la aparición de urbanizaciones informales en áreas ocupables o, por supuesto, la expansión de los territorios urbanos en periferias de urbanización espontánea o en polígonos residenciales construidos como respuesta rápida a la emergencia habitacional. Por tanto, esta condición de lugar improvisado, proyectado o no, se convierte en una característica intrínseca de la ciudad.

Por otra parte, como periferia se reconoce aquel lugar —casi podríamos decir "paisaje"— de carácter secundario que se instala en los bordes del que concentra el interés primario. En su definición etimológica destaca precisamente la idea de contorno, aquello que delimita un objeto —en este caso la ciudad— del exterior. En el ámbito urbano esta definición ha estado históricamente vinculada a un cierto carácter peyorativo del contexto; *periferia*, *extrarradio* y *suburbio* son palabras que a menudo han sido utilizadas en nuestro ámbito geográfico con cierto sentido despreciativo o marginal en relación con el espacio urbano consolidado que rodean. Con frecuencia, esta marginalidad ha sido objeto de relatos complementarios de las ciudades, enfocados en aquellos lugares en los márgenes de la urbe (se ha llegado a hablar incluso del género de la "literatura de extrarradio"). La Barcelona de Francisco Candel, la Roma de Pier Paolo Pasolini, el París de Gilbert Cesbron, la Buenos Aires de Sylvia Molloy o ciertos paisajes urbanos estadounidenses de John Steinbeck podrían ser algunos ejemplos de autores especialmente reconocidos que ubicaron los escenarios de sus obras en áreas periféricas pobladas de personajes marginales y a la vez necesarios para un acercamiento holístico a las realidades urbanas en cada caso.

Por todos estos motivos las periferias, y el papel que jugaron sus habitantes en la definición del hábitat y de las formas de residencia, merecen hoy protagonismo también en las observaciones propias de los estudios urbanos o en el ámbito de la historia de las ciudades. Son contextos habitualmente marcados por un carácter de singularidad y complejidad, atractivos desde la perspectiva de las microhistorias implicadas, elocuentes respecto a la evolución de las comunidades sociales que las pueblan y peculiares cuando analizamos los factores que han determinado sus formas de crecimiento o sus vínculos con el contexto urbano existente. Son territorios antiguamente vacíos que nos hacen recordar algunas de las reflexiones que el propio Koolhaas ha defendido en torno a la idea del vacío urbano en algunos de sus textos: "Donde no hay nada, todo es posible. Donde hay arquitectura, nada (más) es posible".

Notas

[1] Rossi, Aldo, *L'architettura della città*, Marsilio, Vicenza, 1966 (versión castellana: *La arquitectura de la ciudad*, Editorial Gustavo Gili, Barcelona, 2015).

[2] Lynch, Kevin, *The Image of the* City, The MIT Press, Cambridge (Mass.), 1960 (versión castellana: *La imagen de la ciudad*, Editorial Gustavo Gili, Barcelona, 2015).

[3] Jacobs, Jane, *The Death and Life of Great American Cities*, Random House, Nueva York, 1961 (versión castellana: *Muerte y vida de las grandes ciudades*, Capitán Swing, Madrid, 2011).

[4] Venturi, Robert; Scott Brown, Denise y Izenour, Steven, *Learning from Las Vegas*, The MIT Press, Cambridge (Mass.), 1973 (versión castellana: *Aprendiendo de Las Vegas*, Editorial Gustavo Gili, Barcelona, 2015).

[5] Koolhaas, Rem, *Delirious New York: A Retroactive Manifesto for Manhattan*, Oxford University Press, Nueva York, 1978 (versión castellana: *Delirio de Nueva York: un manifiesto retroactivo para Manhattan*, Editorial Gustavo Gili, Barcelona, 2004).

[6] Walker, Enrique, *The Ordinary: Recordings*, Columbia Books on Architecture and the City, Nueva York, 2018 (versión castellana: *Registros de lo ordinario*, Puente editores, Barcelona, 2019).

[7] Kaijima, Momoyo; Kuroda, Junzo y Tsukamoto, Yoshiharu, *Made in Tokyo*, Kajima Institute, Tokio, 2001.

# Periferias

Conviene iniciar este relato poniendo en crisis el propio conocimiento que tenemos sobre la formación de las periferias. Intuitivamente tendemos a pensar en modelos de expansión de la ciudad que reflejan cualquiera de los dos paisajes extremos que fácilmente podemos imaginar. Sin entrar en distinciones tipológicas o cronológicas encontramos, por una parte, una periferia emergente de manera espontánea e informal, basada en la autogestión y autoconstrucción llevada a cabo por los recién llegados a la urbe; por otra, una gestación planificada (aunque a menudo también improvisada) de polígonos residenciales que vienen a suplir las carencias y cubrir las necesidades de vivienda asequible que el aumento de población ha provocado, y que también encierra en ocasiones intereses especulativos. Para ambas situaciones disponemos de un nutrido imaginario colectivo, producido en buena parte de los casos por la ingente producción literaria y cinematográfica que ha escenificado en las periferias una visión romantizada —y estigmatizada— del chabolismo o el barraquismo, tanto horizontal como vertical. Podemos observar, en todo caso, que el fenómeno no solo es increíblemente complejo a nivel social, sino también a nivel morfológico, y que hay matices sorprendentes a la hora de identificar los modelos de crecimiento en las periferias y las diferentes revoluciones que ello ha provocado en el ámbito residencial.

## Revoluciones de la vivienda

Colin Ward, el arquitecto que fue una figura protagonista del movimiento anarquista británico desde la década de 1950, utilizaba la metáfora de las revoluciones para explicar su visión del desarrollo de la vivienda durante las décadas centrales de la segunda mitad del siglo xx. En la introducción de su libro *Talking Houses* —una antología de diez conferencias que resumen tres décadas de observación sobre el problema de la vivienda en el Reino Unido—,[1] Ward reflexiona sobre la necesidad de lucha por el derecho a una vivienda digna por parte de un gran porcentaje de los habitantes, una lucha que, según él, se materializa en tres revoluciones: la primera es la revolución de la tenencia en favor de la propiedad, que se convierte en modelo dominante a partir de la II Guerra Mundial; la segunda es la revolución de los servicios y las densidades residenciales, catalizada por la llegada de las redes técnicas al hogar y por los cambios implícitos y silenciosos de los roles en las tareas reproductivas; y la tercera es la revolución de la naturaleza de los hogares, con la desaparición del modelo estándar de familia nuclear a finales del siglo XX.

Con todo, la revolución más notoria de las décadas centrales del siglo XX es la correspondiente al paisaje urbano. En el ámbito de la arquitectura y el urbanismo ha sido habitual identificar los procesos de transformación urbana con los momentos heroicos de planificación. Sin embargo, el modelo de crecimiento del tejido de ciudad asociado a la explosión demográfica no responde necesariamente a una estrategia urbana planificada. Por el contrario, la configuración inicial de estos ámbitos de ciudad se ha producido habitualmente en la historia por la ocupación espontánea de territorios destinados originalmente a explotaciones agropecuarias. Las formas de ocupación de estas propiedades agrícolas —y sus procesos de parcelación posteriores—, junto con la orografía, son a menudo las condiciones formales determinantes de las áreas de expansión urbana. Son la base sobre la que, entre las décadas de 1950 y 1970, estos territorios se consolidaron como tramas irregulares, heterogéneas y densas. Durante aquellas décadas, esa ciudad autogestionada creció, por una parte, mediante procesos de densificación ordenada y, por otra, mediante la construcción en los vacíos de polígonos de vivienda.

De hecho, puede considerarse que los polígonos en sí no son el resultado de un proceso de planificación, sino más bien cierta reacción a la necesidad habitacional por parte de los responsables de la gestión urbana. Lo curioso de la situación, revisando estadísticas históricas, es que el volumen de viviendas construidas mediante procesos de densificación supera al volumen de viviendas en barrios planificados, circunstancia muy poco intuitiva y que tiene un gran impacto en la construcción social de los barrios. Inicialmente, los procesos de densificación se vincularon con el reagrupamiento de familias que habían quedado separadas geográficamente por efecto de los fenómenos migratorios. Es el primer paso hacia la reproducción en la ciudad de las redes de vecindad, amistad y colaboración laboral que se daban en el pueblo. Esto homogeneizó el estrato social que se asentaba en los barrios y facilitó la aparición de redes de relaciones cotidianas.

Para analizar la revolución de la tenencia en favor de la propiedad, los datos son muy importantes. En el contexto español, es conocido el hecho de una sociedad mayoritariamente propietaria de la vivienda, incluso en un porcentaje superior al de la mayoría de los países europeos. Pero debe indicarse que esta circunstancia no ha sido siempre así. De hecho, hasta mediada la década de 1950, la mayoría de la población española vivía en régimen de alquiler. Pese a ello, el acceso a la vivienda en nuestro país se ha caracterizado desde hace más de medio siglo por la evolución hacia un modelo de tenencia en propiedad. En la actualidad alrededor de un 75 % de la población española vive en una casa de su propiedad. Para comprender la situación es necesario tener en cuenta la evolución de la Ley de Arrendamientos Urbanos (LAU), la herramienta con la que el Estado se propuso regular el mercado de renta desde 1946, cuando se planteó para congelar el incremento del precio de los alquileres. Lo que sucedió en el mercado de la propiedad en España es que se disparó el precio de los nuevos alquileres, lo que penalizó al mercado de renta y redujo la oferta. El resultado no fue otro que el cambio de tendencia de una sociedad que vivía en alquiler a una sociedad que se hizo propietaria. Habitualmente, el origen del cambio de tendencia se ha asociado a la aplicación de las políticas franquistas promovidas por el ministro falangista José Luis Arrese ("No queremos una España de proletarios, sino de propietarios"). Tanto su LAU como otras acciones políticas se han interpretado históricamente como una aparente búsqueda de un modelo familiar nuclear conservador, estructurado, estable y pacífico. Sin embargo, si tenemos en cuenta que se estaban replicando las políticas democristianas italianas (*Tutti proletari, ma tutti proprietari*: "Todos proletarios, pero todos propietarios"), cabe pensar que se trataba más bien de un intento de impulsar políticas liberalizadoras de la economía.

En todo caso, el resultado apunta a una inversión del modelo de tenencia que muestra en la implantación territorial una paradoja inesperada: el incremento de la propiedad se produjo fundamentalmente en los barrios de las periferias obreras. Se trata de una realidad que podemos asociar a otros datos reveladores: las áreas de mayor porcentaje de vivienda en propiedad se correspondían con los distritos administrativos con mayores porcentajes de clase trabajadora, y a su vez con los mayores porcentajes de población inmigrada. Lo que retratan estos datos son ciudades cuyos ensanches estaban ocupados por una población de clase social acomodada que residía en régimen de alquiler, y una periferia en la que dominaba una clase trabajadora que poseía vivienda en propiedad, de modo que la verdadera protagonista de la revolución de la propiedad fue esa clase obrera que se desplazó a las periferias de las ciudades y para quienes el mercado de alquiler en el centro urbano no era una opción asequible. Esta segregación espacial estaría vinculada a la otra revolución no mencionada por Ward, la de los movimientos sociales urbanos. Estos procesos, que en España surgieron en las últimas décadas de la dictadura, tenían como motivo, en la mayor parte de los casos, luchas relacionadas con el derecho a la vivienda o con la calidad de vida de los barrios. Las periferias fueron el lugar de activación de muchas de las asociaciones vecinales, que se convertirían casi en un campo de entrenamiento para las juventudes políticas de los grupos de izquierda al final del franquismo. Entre los movimientos sociales se pueden identificar tanto la implicación de grupos religiosos y de futuros responsables políticos como, por supuesto, de líderes del activismo vecinal.

Los episodios de lucha que se desarrollaron a lo largo del siglo XX muestran actuaciones de muchos tipos —manifestaciones, huelgas y acciones de diferente naturaleza para reivindicar las condiciones dignas de las viviendas—, aunque evolucionaron cronológicamente dependiendo del contexto. Durante la primera mitad del siglo XX eran acciones que atendían a necesidades globales (mejoras en la situación de los alquileres, en las condiciones de vida). Sin embargo, las muestras de activismo de las décadas posteriores se concentraron en los barrios obreros de las periferias, donde gradualmente los objetivos se acercaron más a necesidades de suministros y transporte público, de urbanización de los barrios o de equipamientos como escuelas o centros médicos. Por tanto, el foco de las protestas se movió, por una parte, del hogar al barrio; por otra, del centro a la periferia. Una segunda observación se refiere a las categorías de las luchas. Durante las primeras décadas del siglo XX la mayor parte tenía que ver con la obtención de vivienda a través de los diferentes mecanismos de producción, autoconstrucción, cooperativismo, etc. Sin embargo, durante la segunda mitad del siglo XX se percibe una importancia creciente de las luchas enfocadas en la consecución de infraestructuras, transportes, mejoras urbanas y en la planificación, etc. Podríamos incluso hablar de un tercer período, iniciado en las últimas décadas del siglo XX y que continúa en el siglo XXI, en el que detectamos cómo el centro de las preocupaciones se desplaza a luchas contra la especulación y la gentrificación, así como por la mejora y reforma del entorno residencial, lo cual justificaría el hecho de que las luchas vuelven a situarse en el centro de la ciudad. Ambos fenómenos responderían a una evolución de las luchas que coincide con la hipótesis de

David Madden y Peter Marcuse cuando, en *In Defense of Housing: The Politics of Crisis*,[2] describen una evolución de las luchas desde una fase reivindicativa hacia una fase defensiva.

Volviendo a Ward, no podemos dejar de mencionar la revolución del espacio doméstico, fenómeno íntimamente relacionado con los procesos de densificación y con el afianzamiento de los modelos residenciales conocidos. Producidos a partir de la vivienda principalmente autoconstruida, que evoluciona por densificación o sustitución edificatoria en el tejido colonizado, los modelos tipológicos de estos procesos presentan deficiencias importantes, especialmente por el condicionamiento volumétrico de la dimensión reducida en anchura de las parcelas. Pocas veces las tipologías disponen de doble orientación con ventilación cruzada y son habituales las habitaciones que ventilan por patios de superficie mínima. A menudo, las distribuciones sitúan las piezas en posiciones forzadas, más dependientes de las posibilidades de la planta que de estrategias de diseño, y son habituales pasillos y piezas de distribución sobredimensionadas por las condiciones geométricas u otros factores. Es cierto que se hace evidente una evolución de las ordenanzas municipales relacionadas con la ventilación, la iluminación y las condiciones higiénicas. Especialmente, en relación con estas últimas, se detecta cómo hasta las ordenanzas dictadas a partir de la década de 1950 no se especifica la obligatoriedad de incluir en la vivienda un baño con ducha, lavabo y váter. En definitiva, se trata de tipologías que en un primer momento responden a unas necesidades urgentes de alojamiento y, finalmente, a un cierto carácter especulativo que lleva a primar la cantidad sobre la calidad.

En cualquier caso, es preciso recordar que estos procesos de densificación convivieron con propuestas de producción de vivienda masiva ejecutada mediante polígonos residenciales que se desarrollaron aprovechando terrenos disponibles entre la ciudad consolidada y la periferia emergente. La promoción pública de muchos de los polígonos sí supuso una influencia importante en los modelos de definición de vivienda por el carácter de experimentación técnica y tipológica. Más allá de las mejoras evidentes que se introdujeron entre las décadas de 1950 y 1970 —incremento de la superficie útil de las viviendas, mejoras de los equipamientos higiénicos, modernización de la fuente de energía en la cocina (de la cocina económica de carbón hacia el gas butano y el gas ciudad), incorporación de equipamientos domésticos o estandarización de espacios para el ciclo del lavado y cuidado de ropa—, el gran aporte de los modelos residenciales de los polígonos fue la normalización de un modelo de domesticidad en el que la idea de confort se incorporaba por primera vez al imaginario colectivo, lo que afectó tangencialmente a la evolución de las promociones propias de la densificación. Eso sí, la casa evolucionaba desde las perspectivas técnica y tipológica y en cuanto a las condiciones de habitabilidad, pero se generaba un imaginario de la mujer vinculada a los cuidados y al trabajo reproductivo que se perpetuó en décadas posteriores.

Una característica interesante de las promociones de polígonos residenciales fue el carácter experimental de muchos de los modelos tipológicos y su voluntad de incorporar a los proyectos locales la innovación de las propuestas arquitectónicas contemporáneas. De hecho, conviene contextualizar todas estas propuestas de viviendas en bloque en el ámbito de influencia de los parámetros modernos de lo que se había considerado el problema de la vivienda mínima. Los conocidos Congresos Internacionales de Arquitectura Moderna (CIAM), capitaneados por el grupo de arquitectos heroicos de la modernidad europea, habían dedicado buena parte de sus objetivos al estudio de la vivienda mínima, los métodos constructivos racionales o la ciudad funcional. Su búsqueda de modelos de producción masiva de vivienda asequible se transformó en una promoción del racionalismo a escala urbana que acabaría con la proposición de la Carta de Atenas, el manifiesto (redactado en 1933 y publicado en 1942) de la ciudad zonificada y funcional monopolizado por el pensamiento de Le Corbusier. Más allá de las implicaciones de este fenómeno a escala planetaria, ello se tradujo en una confianza acrítica en la capacidad de la producción residencial masiva para resolver los problemas de la escasez de vivienda. Teniendo en cuenta la cantidad de factores sociales, económicos, políticos o, simplemente, domésticos asociados a este tipo de producción residencial, es sencillo establecer relaciones entre algunas de estas propuestas y el fracaso de las periferias.

Si frente a la periferia mayormente espontánea introducimos la figura de la planificación urbana, podemos contrastar algunos de sus momentos fallidos. Para acercarnos al tema, cabe hablar de planificación a partir de un juego que quizá peque de cierta ingenuidad, pero que a su vez puede ser interesante para situar el origen de algunas reflexiones en torno a la ciudad, la periferia y la vivienda contemporánea. Repasando la historia de la arquitectura moderna no es difícil encontrarnos con años que parecen concentrar el sentir o la producción de toda una época. En 1929 se completó la construcción de dos piezas claves de la modernidad, la villa Savoye y el pabellón de Alemania en la Exposición Internacional de Barcelona, obras manifiesto de Le Corbusier y de Ludwig

Mies van der Rohe y Lilly Reich, respectivamente. En 1939 se finalizaron dos obras fundamentales de la comprensión orgánica de la arquitectura, la casa Kaufmann, de Frank Lloyd Wright, y la villa Mairea, de Alvar Aalto. Dando un salto de dos décadas, en 1961 se produjeron algunos de los ejercicios radicales más determinantes del final de la modernidad, como el proyecto del Fun Palace, de Cedric Price y Joan Littlewood, y la publicación del primer número del fanzine *Archigram*, o la publicación de *Muerte y vida de las grandes ciudades*, de Jane Jacobs. En 1966 se publicaron dos textos fundamentales para la reformulación de la teoría de la arquitectura, *Complejidad y contradicción en la arquitectura*, de Robert Venturi, y *La arquitectura de la ciudad*, de Aldo Rossi, precisamente la obra con la que hemos empezado estas páginas.

Si nos detenemos aquí, nos damos cuenta de que estamos pasando por alto deliberadamente un período —a grandes rasgos, las décadas de 1940 y 1950— en el que se debate el tránsito entre el proyecto moderno (y particularmente la Carta de Atenas) y lo que podríamos considerar como diferentes formas incipientes de posmodernidad, un período en el que enraízan muchas de las preocupaciones contemporáneas sobre la arquitectura de la ciudad y de la vivienda colectiva. Por eso vamos a seleccionar otro año, 1954, como excusa para profundizar en esta reflexión (al inicio del siguiente capítulo volveremos a él). Entre los múltiples acontecimientos arquitectónicos que suceden en este momento, podemos rescatar la construcción del proyecto Pruitt-Igoe en la ciudad de San Luis (Misuri), Estados Unidos, diseñado por la oficina Leinweber, Yamasaki & Hellmuth, integrada, entre otros, por el conocido arquitecto estadounidense Minoru Yamasaki.

## Pruitt-Igoe

El complejo residencial Wendell Oliver Pruitt y William Leo Igoe (en homenaje a un piloto de la II Guerra Mundial y a un congresista, respectivamente, ambos de Misuri), llamado Pruitt-Igoe [fig. 1], constituyó una ambiciosa actuación de viviendas públicas ubicada al norte de la ciudad

1

de San Luis. Fue ejecutada con fondos federales para renovar un territorio urbano deteriorado y convertido prácticamente en una barriada por el advenimiento masivo de inmigración en busca de oportunidades laborales (al otro lado del Atlántico los episodios de transformación urbana se basaban en las mismas necesidades que hemos identificado antes para nuestro entorno europeo). La situación en este caso ofrece condiciones particularmente complejas por el carácter de segregación racial que padecían algunos contextos urbanos estadounidenses de mediados del siglo xx. Allí, las periferias distinguieron en muchos casos los desarrollos suburbiales de baja densidad y clase media —de población mayoritariamente blanca— de los barrios marginales suburbanizados y superpoblados, de población mayoritariamente negra. Un buen número de las alternativas de alta densidad ofrecidas para la dignificación de estos barrios degradados —en su mayor parte polígonos de vivienda— no fueron más que mecanismos de control social de las capas poblacionales en riesgo de exclusión. Y este caso no escapaba a esta circunstancia.

Pruitt-Igoe era un proyecto de una escala territorial —treinta y tres edificios de once plantas que albergaban más de dos mil ochocientos apartamentos— y genuinamente moderno, planteado desde los principios de planificación, zonificación racional y sistematización constructiva de los CIAM o la Carta de Atenas. Incluso fue innovador en algunos aspectos tipológicos, pues contaba con viviendas de diferentes tamaños, con doble orientación, galerías de usos comunes distribuidas en las plantas de desembarco de los núcleos de comunicación vertical, ejes vecinales de equipamientos, espacios verdes, etc. No obstante, aquellas viviendas fueron un fracaso urbano y social extraordinario, hasta tal punto que Charles Jencks consideraría su carácter ensimismado y descontextualizado —hechos que llevarían a su posterior demolición— como la circunstancia determinante del fin de la modernidad.[3] Por otra parte, como explica Katharine G. Bristol,[4] en este fracaso fueron decisivas las deficientes políticas públicas de vivienda, que ignoraban no solo la segregación racial que existió en Misuri hasta 1956, sino que imponían la ubicación y la densidad, y que limitaban la inversión necesaria en infraestructuras, equipamientos y mantenimiento. Todo ello provocaría la degradación irreversible del conjunto, que nunca llegó a ocuparse por completo, y su consiguiente demolición en 1972. Como es conocido, fue una demolición muy popular, filmada, retransmitida en televisión y recogida en varios documentales (como en la película experimental *Koyaanisqatsi: Life Out of Balance* [1982], dirigida por Godfrey Reggio). Ello otorgó al hecho de la demolición cierto carácter de acontecimiento histórico que permanecería en el imaginario colectivo como muestra del fracaso de la arquitectura moderna en la planificación de periferias urbanas.

Un documental más reciente sobre este episodio, *The Pruitt-Igoe Myth* (2012), dirigido por Chad Freidrichs, muestra la complejidad implícita en la gestión de un complejo residencial de tan exageradas dimensiones, hasta el punto de que las previsiones de financiación del propio mantenimiento no llegaron a cumplirse. La película, fruto de una larga investigación, cuestiona que la tesitura de segregación racial de los ocupantes, habitualmente citada como principal motivo para la degradación del conjunto —por el hecho de que solo población negra llegara a ocupar el recinto— fuera la causa del colapso. Por el contrario, se dieron circunstancias socioeconómicas de carácter mucho más general que afectaron a las condiciones de gestión previstas. El tejido industrial, comercial y económico de San Luis no evolucionó en las décadas de 1950 y 1960 como se había pronosticado, lo que tuvo un impacto directo en las previsiones de empleo e, indirectamente, en la ocupación de los miles de viviendas planificadas. Los costes de mantenimiento que debían cubrirse con los ingresos mensuales de los habitantes no pudieron ejecutarse, lo que derivó en el colapso técnico progresivo de muchos de los sistemas: limpieza, ascensores, fontanería, incineración de basuras, climatización, cerramientos, etc. Ello, a su vez, derivó en huelgas de pago del alquiler que minimizaron aún más los ingresos y provocaron la salida del complejo de buena parte de su población. En definitiva, el documental muestra cómo las necesidades desproporcionadas de gestión —desproporcionadas por la divergencia entre ocupación real y perspectivas de crecimiento— y la falta de participación de las comunidades de habitantes en la toma de decisiones del mantenimiento desembocaron en una pérdida de valor material y una desestabilización social del conjunto que dieron cabida a diferentes formas de delincuencia, siniestralidad y conflicto social.

## Robin Hood Gardens

Lo sucedido en Pruitt-Igoe no es un caso aislado en la historia de la arquitectura moderna. Quien más y quien menos, desde diferentes lugares del mundo, recordará casos similares de proyectos fallidos, algunos de ellos por la ambición de una escala desmedida, otros por la elección de un contexto urbano inapropiado y casi todos por la falta de comprensión y acompañamiento deseables del tejido social instalado. Podemos citar un caso de sobra conocido por la importancia de sus autores en el relato historiográfico de la arquitectura moderna en general (y en este pequeño ensayo en particular): el complejo Robin Hood Gardens (1966-1972) [fig. 2], de Alison y Peter Smithson. Comenzando por el final, el ocaso de su historia se inicia en mayo de 2008, cuando Margaret Hodge, por entonces ministra de Cultura del Reino Unido, hacía públicas las intenciones del Gobierno británico de demoler este hito residencial londinense.

2

Junto con el complejo del The Economist, también en la capital británica, probablemente Robin Hood Gardens sea la obra construida más popular de los Smithson. Era un conjunto de 214 viviendas distribuidas en dos bloques al este de Londres, muy próximos a la orilla norte del Támesis y a la ruta norte-sur conocida como

Robin Hood Lane, de la que el proyecto tomaba su nombre. El proyecto estuvo condicionado fundamentalmente por tres factores: una densidad de población en torno a los 350 habitantes por hectárea, un espacio público de dimensiones suficientes para cubrir las carencias de la zona y una protección eficiente contra el ruido producido por las vías de intenso tráfico que bordean el emplazamiento. La solución propuesta fue crear dos bloques de viviendas, dispuestos longitudinalmente en sentido norte-sur y orientados a este y oeste siguiendo la alineación quebrada del perímetro del solar, de modo que todo el espacio central quedara libre.

A las viviendas en dúplex se accedía desde "calles elevadas", un formato tipológico que ya había caracterizado otras propuestas residenciales de los Smithson, especialmente su conocido proyecto no construido de Golden Lane (1952). Los corredores de circulación horizontal aportaban espacios exteriores a las viviendas y generaban lugares de relación entre los habitantes del complejo. Permitían, además, un control visual directo sobre el gran espacio verde central y funcionaban como colchón acústico para las viviendas. O esta, al menos, era la intención del proyecto. La materialidad de Robin Hood Gardens fue uno de sus rasgos más característicos. La expresividad de la estructura y los elementos prefabricados de la fachada de hormigón definieron una imagen brutalista; una década antes Reyner Banham había incluido otros proyectos de los Smithson, especialmente la escuela secundaria de Hunstanton (1949-1954), en la corriente del nuevo brutalismo británico.

Pese al interés por la domesticidad que los arquitectos demostraron durante toda su carrera,[5] Robin Hood Gardens tuvo problemas de ocupación desde sus primeros años. El propio Peter Eisenman anotó, ya desde su inauguración en 1972, cierto desequilibrio entre el espacio público, los elementos de relación y las viviendas.[6] Como sucedió en el caso de Pruitt-Igoe, el mantenimiento de los edificios desde su construcción fue muy deficiente. Las instalaciones obsoletas, la sobreocupación de las viviendas o el abandono del jardín central fueron algunos de los síntomas del deterioro del conjunto, habitado mayoritariamente por la colonia británica bengalí. Sin embargo, ninguna de estas circunstancias sería motivo suficiente para justificar, en pleno siglo XXI, el derribo de más de doscientas viviendas. Hay numerosas razones humanas, históricas y medioambientales para argumentar la permanencia y rehabilitación de un complejo como este, pero los intereses económicos e inmobiliarios de la zona vencieron la batalla por la preservación del conjunto. La campaña que la

Twentieth Century Society llevó a cabo durante varios años junto con la revista *Building Design* para impedir su derribo y lograr la catalogación del conjunto (incluyendo la recogida de testimonios de grandes profesionales de la arquitectura) no fue suficiente para proteger el proyecto, circunstancia que *a posteriori* ha permitido justificar su desaparición. Pese a las razones históricas y a los motivos arquitectónicos que han convertido el proyecto en una pieza clave de la historia de la arquitectura contemporánea, el conjunto nunca formó parte del listado de protección patrimonial de Londres, una herramienta de gestión conservadora que se ha demostrado ineficaz frente a los *lobbies* inmobiliarios. Desgraciadamente, en diciembre de 2017 se inició la demolición del bloque oeste y solo un fragmento de uno de los edificios se conservará en el Victoria & Albert Museum de Londres.

Este ejemplo demuestra, una vez más, que ni siquiera la arquitectura residencial producida desde la intelectualidad más vanguardista y ambiciosa de un determinado momento histórico es capaz de garantizar el éxito de su ocupación si las instituciones públicas y los habitantes no se implican como es debido en su uso y mantenimiento. Sorprendentemente, la subalternidad de estos agentes (gestores públicos y usuarios) en las decisiones de planificación urbana es más habitual de lo que podríamos imaginarnos, y con toda probabilidad es un factor común de algunos de los fracasos más importantes de la arquitectura moderna residencial.

## Otros desastres periféricos

Entre los casos de planificación moderna de entornos periféricos que pueden considerarse paradigmáticos por el fracaso estrepitoso que supusieron habría que situar el plan para el barrio Bijlmermeer [fig. 3], en Ámsterdam, inaugurado en 1965. Curiosamente, ese mismo año Christopher Alexander había publicado el artículo "La ciudad no es un árbol",[7] en el que ya criticaba el fracaso de lo que él llamaba las "ciudades artificiales" por coartar, con sus condiciones formales

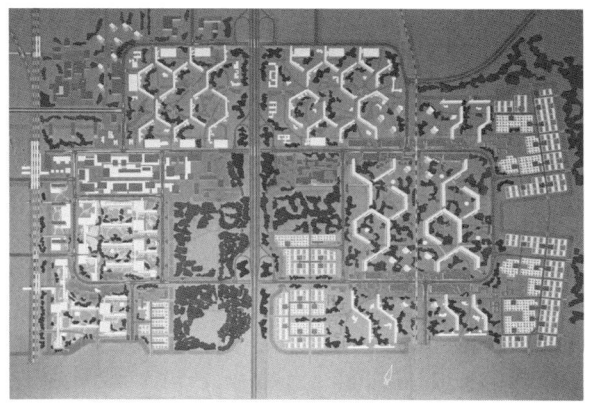

3

impuestas, las posibilidades de aceptar los desarrollos naturales y espontáneos de vida de las personas. Y el caso es que este ejemplo no solo coincide con esta descripción de Alexander, sino que además fue especialmente guiado por las líneas maestras de los CIAM y la Carta de Atenas, de las que Cornelis van Eesteren fue un gran impulsor en Ámsterdam (y ello pese a que el proyecto pertenece a la generación posterior al maquinismo más estricto). La estructura del plan fue definida por Siegfried Nassuth, con la colaboración de Pi de Bruijn, y se materializó en una retícula de bloques en forma de panal de abeja (derivada de estudios de asoleamiento) que se distribuían según un criterio de separación de funciones (también había separación de circulaciones en altura, amplios espacios abiertos y todo el catálogo de criterios formales modernos). Con todo, Bijlmer (como se conoce al lugar) se hizo famoso por ser el barrio de peor reputación y más peligroso de todo Ámsterdam. Se construyeron trece mil viviendas en treinta y un bloques de diez plantas, de entre doscientos y trescientos metros de longitud. Se comercializaron con la intención de albergar una clase media que prefirió mudarse a otras periferias suburbanas de viviendas unifamiliares y baja densidad. La planificación del transporte público no se cumplió en los períodos programados, y muchos de los equipamientos y funciones colectivas se retiraron del proyecto por falta de usuarios. El lugar parecía estar gafado, ya que un avión se estrelló contra uno de los edificios en 1992, causando la muerte de cuarenta y tres personas... El barrio acabó convertido en un espacio de conflicto que derivó en la demolición de la mayor parte del complejo para ser sustituido por otro modelo de ciudad. La historia repetida.

Casi contemporáneo del proyecto de Ámsterdam (muy poco antes), Toulouse se planteó su propio crecimiento periférico en el área conocida como Toulouse-Le Mirail [fig. 4], al otro lado del río Garona. Como en todos estos

4

casos, la ciudad estaba experimentando una presión demográfica importante, en este caso especialmente significativa por la migración argelina posterior a la guerra de independencia del país. Las autoridades recalificaron la zona y convocaron un concurso que ganó el equipo de Georges Candilis, Alexis Josic y Shadrach Woods (junto con los Smithson, Candilis era uno de los miembros destacados del Team X). La propuesta de 1962 planteaba ciertas similitudes con Bijlmer —bloques en línea de alta densidad sobre una trama hexagonal, segregación de circulaciones, estructuras de espacios verdes, etc.—, pero también aportaciones interesantes respecto a la configuración morfológica, como una propuesta de diversidad tipológica, una exploración específica de las agrupaciones en *cluster* y *matbuilding* o una articulación orgánica de circulaciones y del tejido construido. Fue un proyecto celebrado originalmente, pero, de nuevo, ciertos problemas de financiación y presupuesto y diversos conflictos políticos (incluso con el equipo redactor del proyecto) provocaron que el barrio no se pudiera completar y que se sucedieran graves problemas sociales en la década de 1980. Las dificultades económicas crecientes de la población del lugar fueron modificando progresivamente el tejido social. De nuevo, el área sufrió un proceso de guetización y los moradores de clase media acabaron yéndose del barrio, lo que se tradujo en el aumento de los índices de delincuencia e inseguridad. Desde la década de 1990 se vienen promoviendo intervenciones públicas para revertir la situación.

Otro ejemplo europeo lo encontramos en Roma, en el Corviale [fig. 5], a veces conocido como "Il Serpentone" por el casi un kilómetro de longitud de su edificio principal de nueve plantas. Corviale es un complejo residencial de alta densidad situado en la periferia sudoeste de la ciudad,

5

donde viven unas cuatro mil personas en mil doscientos apartamentos. El proyecto fue diseñado en 1972 por un equipo coordinado por Mario Fiorentino como barrio experimental de carácter alternativo. Se intentaba conseguir una pieza autónoma, polifuncional, organizada de acuerdo con un formato de escala paisajística que buscaba una relación diferente con el territorio y evitaba problemas detectados en otros formatos. De nuevo, la escala no hacía presagiar nada bueno. Las obras se iniciaron en 1975, pero pocos años después tuvieron que paralizarse por la quiebra de la constructora (lo que sucedió en 1982, el mismo año en que falleció Fiorentino). Finalmente, el edificio se completó en 1984 y en poco tiempo ya se produjeron ocupaciones ilegales de varios centenares de familias, la mayor parte de ellas en la mítica planta cuarta, diseñada originalmente para albergar un eje de equipamientos y servicios comunitarios. También en este caso una gestión compleja del conflicto que albergaba la arquitectura puso sobre la mesa la propia demolición del conjunto, si bien diferentes iniciativas de regeneración mantienen todavía el proyecto y protegen su valor residencial.

Con carácter global, lo que puede detectarse en todos estos casos es que, muy probablemente, el planteamiento de arquitecturas que podríamos considerar modernas o innovadoras para la construcción de las periferias no ha sido en general garantía de éxito, si bien la modernidad del plan o de la arquitectura propuesta no es necesariamente la circunstancia causante del deterioro que en muchos casos ha desencadenado la conflictividad o incluso la demolición de los conjuntos.

## Otros riesgos: el Pigneto, de *borgata popolare* a barrio gentrificado

Resumiendo lo visto hasta aquí, durante la segunda mitad del siglo xx se produjo en Europa un fenómeno de construcción masiva de conjuntos de vivienda colectiva, especialmente intenso entre las décadas de 1950 y 1970. La industrialización de los núcleos urbanos, los procesos de migración del campo a la ciudad o la devastación causada por la II Guerra Mundial, entre otros factores, provocaron una altísima demanda de vivienda que no podía ser cubierta por el enorme déficit habitacional existente. Las consecuencias de este desequilibrio tuvieron un gran impacto en las grandes ciudades, visible en el hacinamiento en los centros urbanos, los desarrollos de vivienda informal o la expansión a las periferias. Volviendo a la capital italiana, Roma es un caso paradigmático de estos procesos, debido a las dificultades específicas de la ciudad antes y después del conflicto bélico. Roma experimentó un

crecimiento exponencial desde que fue converti-
da en capital italiana en 1870 con la unificación
del país y se desató la conocida como *febbre edili-
zia*. Con la llegada del fascismo se llevaron a cabo
los *sventramenti* (grandes operaciones de reforma interior) y en poco tiempo surgió una periferia urbana ocupada por migrantes y las masas
de población expulsadas de la ciudad histórica.
Es el origen de las *borgate*, nombre que se les da
tanto a las barriadas de construcción informal
como a asentamientos muy precarios de vivienda social promovidos por el régimen fascista de
la década de 1930. El resultado fue una periferia
desarticulada, cuyo modelo de crecimiento estaba únicamente basado en las políticas higienistas
del centro urbano.

Tras el conflicto bélico, y ante esta falta de
planificación —unida al tremendo déficit de vivienda y las enormes tasas de desempleo que
arrojó la guerra—, surgió una estrategia de promoción de grandes bolsas de vivienda pública
que habría de mitigar estos problemas y generar
empleo en la producción de alojamiento. En este
contexto Amintore Fanfani, ministro del Gobierno de Alcide De Gasperi, planteó el conocido plan
INA-Casa en 1949. Entre 1949 y 1963, el programa produjo, organizado en dos septenios, grupos
residenciales por toda la geografía italiana, con-
tó con fuentes de financiación híbridas (fondos

públicos, impuestos, retenciones) y apostó por tecnologías tradicionales de construcción no industriales, diferenciándose de la mayoría de los modelos europeos de producción masiva y, especialmente, de postulados totalitarios. El diseño de las intervenciones fue guiado por Adalberto Libera, director de la Oficina de Arquitectura entre 1949 y 1954 y autor de *Suggerimenti*, un manual orientativo, tanto técnico como compositivo, pensado para unificar las estrategias de actuación. Valco di San Paolo (1949-1952), Tiburtino (1949-1954) o Tuscolano (1950-1960) fueron algunas de las actuaciones que transformaron los suburbios de Roma.

La periferia que nos imaginamos en la Roma de la década de 1960 es fruto de la combinación de asentamientos informales y *borgate* en pleno proceso de transformación y densificación, y conjuntos residenciales autónomos promovidos por el programa INA-Casa. La realidad visitable es la de una configuración urbana asimilable a un archipiélago de intervenciones desarticuladas, donde se detectan incipientes procesos estructuradores apoyados en las infraestructuras y mediante mecanismos de densificación, que son los artífices de la metamorfosis de las periferias en auténticos barrios romanos, desde una comprensión tanto cívica como urbana del término. Uno de los barrios que presenta mayor interés es el Pigneto [fig. 6], situado justo en el borde exterior de la muralla Aureliana, en el área este de la periferia en la que convergen los barrios Tiburtino, Prenestino-Labicano y Tuscolano. Como sucede en muchas otras ciudades, su origen puede localizarse en pequeñas explotaciones agrícolas —en este caso también pinares, que dan nombre al lugar— que pronto se estructuraron en torno a pequeños caminos al servicio de la actividad agraria; la Via del Pigneto, por ejemplo, aparece ya en el siglo XVI. La construcción de la Roma monumental del centro de la ciudad decimonónica y la instalación de pequeños núcleos

6

industriales en esta zona (el Istituto Farmacologico Serono en 1909 o la fábrica de viscosa Snia en 1939) provocaron la aparición de los primeros asentamientos en el Pigneto, que alojaron a operarios y trabajadores. Pronto se produjo una primera expansión residencial por el bajo precio de los terrenos y su fraccionamiento mediante procesos de parcelación. Así aparecieron las primeras casas bajas autoconstruidas, que definirán la morfología de un barrio de carácter popular y obrero. El barrio responde a una configuración progresiva definida por asentamientos autoconstruidos, operaciones de vivienda masiva y procesos de sustitución y densificación del tejido edificado. Todo ello manteniendo ese carácter obrero y popular.

Junto con ese carácter popular, el barrio ha estado asociado durante buena parte del siglo XX a una cierta conflictividad social, mala reputación, incluso se ha reconocido por momentos como un espacio de extrarradio peligroso. En parte, esta percepción está relacionada con una construcción cultural en la que el Pigneto no solo transmite ese carácter obrero y popular, sino que forma parte del territorio emocional y creativo que Pier Paolo Pasolini retrató en novelas como *Chavales del arroyo* (1955) y *Una vida violenta* (1959), en varias de sus películas, como *Accattone* (1961), *Mamma Roma* (1962) o *Pajaritos y pajarracos* (1966), y en uno de los escritos fundamentales sobre la Roma periférica y marginal, "Viaggio per Roma e dintorni" ["Viaje por Roma y alrededores"].[8] A su vez, ese carácter popular, en cierta manera reaccionario con respecto a la Roma burguesa, pero también acogedor de la Roma subalterna y antifascista, generó a partir de la década de 1990 una atracción por parte de las clases medias progresistas de la ciudad —incluida la que podríamos considerar como clase creativa de artistas, escritores, actores, etc.—, que vieron en el Pigneto un lugar de precios asequibles en un entorno de importante poso cultural.

Esta atracción, maximizada por los procesos liberalizadores en la concesión de licencias urbanísticas, provocó ya iniciado el siglo XXI lo que muchos consideran una agresión especulativa y comercial al barrio. Por una parte, se impulsaron actividades culturales, vinculadas fundamentalmente al *street art* y a la creación de murales urbanos; por otra, se plantearon por primera vez propuestas de restauración en el barrio para una clientela procedente del resto de la ciudad, que imprimieron al Pigneto un carácter de marca comercial. El resultado fue la entrada en escena de nuevos actores en el barrio, principalmente interesados en los valores inmobiliarios y comerciales en crecimiento. Este interés, como era de esperar, ha provocado una inflación significativa del precio de la vivienda, asequible ahora solo para esa nueva clase media interesada por el barrio o para las inversiones de carácter comercial y turístico que empiezan a proliferar. Sirva como ejemplo la ascensión exponencial de la oferta de habitaciones del portal Airbnb en los últimos años. Incluso circunstancias *a priori* enriquecedoras para el barrio, como la mejora de infraestructuras, de espacios públicos o de movilidad (por ejemplo, la llegada del metro), acaban siendo argumentos para el encarecimiento del precio de la vivienda. La consecuencia fundamental del proceso es la gentrificación progresiva del barrio, en la que capas poblacionales cuya generación anterior residía sin dificultad se ven obligadas a emanciparse en lugares más asequibles de periferias más lejanas del centro de Roma. Hay una pérdida clara de diversidad social, así como de variedad de funciones y de oferta comercial, ya que la actividad comercial de proximidad y primera necesidad está en un claro proceso de sustitución.

Con todo, se dan circunstancias que minimizan la visibilidad de esta gentrificación. Por una parte, la transformación morfológica del trazado urbano no se ha producido de una manera traumática ni ha modificado lo que pueden considerarse niveles de justicia social. El reemplazo de población se manifiesta de manera progresiva, pero existe también la resistencia de muchas familias populares que mantienen su residencia en el barrio. Por otra parte, ha sido asumido (relativamente) el papel de algunas de las familias propietarias originales de las viviendas como actores del proceso de gentrificación, en la medida en que no existen agentes como los grandes propietarios que han sido responsables de procesos similares en lugares como París, Londres o Nueva York. Esto nos previene respecto del futuro de estos procesos, que tienden hacia una descentralización de sus efectos por medio de la participación activa de agentes menores vinculados a través de plataformas globales, como Airbnb, de manera que incluso las periferias que han conseguido una estructura social y urbana equilibrada sufren el riesgo del aprovechamiento especulativo gentrificador de muchos procesos de planificación y gestión urbana.

Notas

[1] Ward, Colin, *Talking Houses: Ten Lectures*, Freedom Press, Londres, 1990.

[2] Madden, David y Marcuse, Peter, *In Defense of Housing: The Politics of Crisis*, Verso Books, Nueva York, 2016.

[3] Jencks, Charles, *The Language of Post-Modern Architecture*, Academy Editions, Londres, 1977 (versión castellana: *El lenguaje de la arquitectura posmoderna*, Editorial Gustavo Gili, Barcelona, 1980).

[4] Bristol, Katharine G., "The Pruitt-Igoe Myth", *Journal of Architectural Education*, vol. 44, núm. 3, 1991, págs. 163-171.

[5] Véase: Smithson, Alison y Peter, *Changing the Art of Inhabitation*, Artemis, Londres, 1994 (versión castellana: *Cambiando el arte de habitar*, Editorial Gustavo Gili, Barcelona, 2001).

[6] Véase: Eisenman, Peter, "From Golden Lane to Robin Hood Gardens. Or if You Follow the Yellow Brick Road, It May Not Lead to Golders Green", *Oppositions*, núm. 1, Nueva York, septiembre de 1973. Incluido en Risselada, Max (ed.), *Alison & Peter Smithson. A Critical Anthology*, Polígrafa, Barcelona, 2011.

[7] Alexander, Christopher, "A City Is Not a Tree", *Architectural Forum*, vol. 122, núm. 1, abril de 1965 (parte I); y vol. 122, núm. 2, mayo de 1965 (parte II) (versión castellana: "La ciudad no es un árbol", *Cuadernos Summa - Nueva Visión*, núm. 9, Buenos Aires, 1968).

[8] Pasolini, Pier Paolo, "Viaggio per Roma e dintorni. Il fronte della città", *Vie Nuove*, año XIII, 3 de mayo de 1958, pág. 4.

# Vivienda difusa

Algunos de los proyectos de periferias planificadas que acabamos de ver pueden considerarse irresponsables por sus pretensiones y falta de entendimiento de las posibilidades reales de gestión. Sin embargo, son los modelos de planificación y las políticas urbanas asociadas, carentes en muchos casos de la más mínima perspectiva de la escala social comunitaria, los que en la mayor parte de los casos contribuyen a un clima de descontrol y conflicto, causado, aquí sí, por la ausencia de un diseño holístico centrado en las personas.

No es casual que en el mismo período histórico que estamos observando surgiera también una comprensión de la ciudad más próxima a la de un pensamiento anarquista del planeamiento. En particular Peter Hall, en su conocido texto *Ciudades del mañana* (1988),[1] aludía a las raíces anarquistas de algunas de las propuestas urbanísticas del siglo XX, la cirugía urbana rehabilitadora de Patrick Geddes o la ciudad jardín de Ebenezer Howard. El propio Hall, junto con Reyner Banham, Paul Barker y Cedric Price, abanderó el movimiento "sin plan",[2] iniciado a finales de la década de 1960 con toda una suerte de manifiesto que cuestionaba el planeamiento como mecanismo de configuración de las ciudades y proponía como experimento que las personas y comunidades autogestionaran la ocupación del territorio. La propuesta fue publicada en el semanario *New Society*, del que Paul Barker era entonces editor adjunto y en el que colaboraron personajes ilustres del pensamiento crítico, como John Berger, Noam Chomsky o Colin Ward. El texto, subtitulado como "un experimento sobre la libertad", no dejaba de ser un acto de provocación con el que sus autores cuestionaban el modelo de crecimiento suburbano y la planificación garante de un supuesto buen gusto arquitectónico y al servicio de los privilegiados usuarios del transporte privado. El papel de Cedric Price en aquella aproximación al "sin plan" puede considerarse fundamental, teniendo en cuenta su cruzada profesional en favor de la importancia del tiempo y el cambio —la capacidad de transformación— en el diseño arquitectónico.

En esta aproximación se intuye un claro paralelismo con las reivindicaciones de la misma época a favor de la disolución de ciertas formas de autoritarismo en el ámbito de la arquitectura y el urbanismo, en defensa de una gobernanza no jerárquica, autoorganizada, con un cierto carácter informal.

Personajes como el citado arquitecto y escritor británico Colin Ward promovieron en sus escritos lo que puede considerarse (y así se ha llegado a denominar) un cierto anarquismo pragmático, consciente de que las formas de autogestión, como los sistemas cooperativos o los procesos de autoconstrucción, podían mejorar las condiciones de vida con relación al problema de la vivienda. Los trabajos y las investigaciones de Lucien Kroll, Walter Segal o John Turner fueron muy importantes para consolidar la exploración tanto social como técnica de estos procesos. La planificación limitada, la participación y la observación de las personas en el centro de los procesos de diseño fueron, en un determinado momento, los focos de interés de toda una hornada de intelectuales de la arquitectura y la ciudad. Su influencia se percibe todavía hoy, especialmente en el ámbito de la vivienda.

## Diseño centrado en las personas (HCD)

Anticipándose de alguna manera al tipo de desenlaces que hemos visto antes, no es de extrañar que en 1954 (recordemos la efeméride del capítulo anterior) se elaborase el conocido como Manifiesto de Doorn, en el contexto de la que se reconoce como la primera reunión del Team X (aquel grupo de la que se consideró como la tercera generación del movimiento moderno, y que precisamente ponía en crisis el modelo de ciudad surgido de los CIAM). En el inicio del manifiesto se decía explícitamente: "Solo tiene sentido considerar la casa como parte de una comunidad, resultado de la interacción entre unos y otros". El papel de Alison Smithson en la redacción de este documento es fundamental, y lo demuestra que ella misma firmase un texto titulado "An Alternative to the Garden City Idea", publicado tan solo unos meses después en la revista *Architectural Design*, en el que, refiriéndose al manifiesto, escribe lo siguiente: "Si la validez de la forma de una comunidad se basa en las pautas de vida, el primer principio deberá ser, consecuentemente, un análisis objetivo y permanente de la estructura humana y de sus cambios".[3]

Aquí podemos observar un cambio de aproximación que sitúa a Alison Smithson en un posicionamiento propio de lo que conocemos como diseño centrado en las personas, y no en otros parámetros del proceso de producción arquitectónico (la forma, la tecnología, la función, etc.). Poner a las personas en el centro de la actividad del diseño es aquello que, como ya hemos visto, Jane Jacobs o Kevin Lynch reclamaban para el urbanismo, refiriéndose a las partes móviles de la ciudad como aquellas no menos importantes que las partes físicas inertes, aquellas que tanto nos fascinan y que a veces eclipsan la observación más humana. No es casual que especialmente la disciplina del diseño haya evolucionado con el advenimiento de las nuevas tecnologías hacia un paradigma centrado en las personas (human-centered design o HCD, según la terminología de Donald Norman).[4] En efecto, este planteamiento persigue enfocar el diseño en la investigación, la comprensión y la evaluación del proceso creativo a través del análisis de los distintos modelos de uso y de las posibles personas usuarias, y de la empatía hacia estas últimas y su diversidad, algo equivalente a lo mencionado por Alison Smithson. Detrás de esta idea de diversidad y de cambio a la que ella alude, podemos reconocer el pensamiento que está en el origen de buena parte de las corrientes y propuestas posteriores, que abordarán el hábitat colectivo como contexto al que enfrentarse con las herramientas del diseño arquitectónico.

Una respuesta conocidísima a estas cuestiones, y prácticamente coetánea, es la idea del botellero (la maqueta de la mano introduciendo el dúplex en la estructura) [fig. 7] que Le Corbusier propuso en su investigación de la Unité d'Habitation de Marsella. Y digo en la investigación y no en el proyecto porque la construcción final no respetó esta idea. Al menos, así lo explica Jean Prouvé, quien fue el encargado de los diseños de los sistemas constructivos diferenciales de la superestructura y de las cajas metálicas que contenían las viviendas. Sin embargo, como otras imágenes manifiesto de Le Corbusier, tuvo una influencia visual tremenda, como puede verse en el metabolismo japonés, los modelos de arquitecturas radicales *plug-in* o la propia idea de megaestructuras, en ocasiones vinculada con los situacionistas y otras metáforas influidas por el nomadismo. Para comparar, podemos introducir aquí una imagen mucho menos conocida, pero con un valor narrativo igual de potente. Se trata

7

de un fotomontaje que Saul Steinberg publicó en uno de los folletos de la revista *Flair*, muy popular entre 1950 y 1951, cuando se publicaron los doce números de su corta historia. Se trata de la imagen de una cajonera representada como un edificio en un contexto urbano [fig. 8]. Muestra

8

una situación similar a la del botellero de Le Corbusier (con algunos cajones entreabiertos), pero sin el determinismo que podría interpretarse en la definición tipológica de la Unité d'Habitation. Por el contrario, los cajones en este caso se asimilan, más bien, a la idea de vivienda caja sobre la que escribió Ignacio Paricio como respuesta a lo que él llamaba la "vivienda estuche".[5] Paricio describe el estuche como un envoltorio protector que se adecúa exactamente a las formas del objeto protegido. Por eso denuncia que nuestras viviendas no solo contienen una forma única de ocupación, sino que además la hacen evidente en la misma fachada. En contraposición, Paricio propone la caja como un envoltorio protector indiferenciado en el que pueden disponerse libremente una gran cantidad de objetos.

Una similar multiplicidad de objetos está en la esencia de lo que Steinberg explica en su imagen, y que muestra en otras muchas piezas, como en un conocido mural que despliega para para *An Exhibition for Modern Living* o en *Doubling Up*, un dibujo publicado en *Architectural Forum* en 1946 [fig. 9] que aparece también en el libro *The Art of Living*.[6] Esta publicación resulta extremadamente importante, al menos en términos culturales, porque se convertirá en la inspiración de una de las piezas más importantes de la literatura europea de la segunda mitad del siglo xx:

9

*La vida: instrucciones de uso* (1978), de George
Perec, cofundador del grupo Oulipo.[7] En su libro
anterior *Especies de espacios* (1974),[8] el propio Perec se había referido a este dibujo como revelador
del inventario de objetos y de acciones que realmente suceden en los hogares:

Los orígenes de este proyecto [*La vida: instrucciones de uso*] son muchos. Uno de ellos es un dibujo de Saul Steinberg, aparecido en *The Art of Living* [...], que representa un edificio [...] del que una parte de la fachada ha sido eliminada, dejando ver el interior de veintitrés habitaciones [...]: el solo inventario —y no sería ni siquiera exhaustivo— de los elementos de mobiliario y de las acciones representadas tiene algo de auténticamente vertiginoso.[9]

En su texto Perec reproduce ese inventario en forma literaria, aunque podemos referirnos a otros ejemplos en que, con códigos diferentes, ya se demostraba la preocupación que había en los ámbitos arquitectónicos sobre la urgencia de entender la vivienda desde las necesidades y las actividades de las personas. Por ejemplo, Charles Eames demostraba inquietudes similares en el dibujo que acompañaba a su artículo "¿Qué es una casa?" (1944) [fig. 10].[10] Y me refiero a este dibujo no por casualidad, sino precisamente por la relación personal e intelectual que los Eames mantuvieron con el propio Steinberg. De hecho, Steinberg vivió brevemente en Los Ángeles en 1950 cuando fue contratado para participar en la película de Vincente Minnelli *Un americano en París* (1951) y, aunque abandonó el rodaje el primer día por la falta de libertad creativa que se le concedió,

10

aprovechó su estancia en California para conocer
mejor a personajes como Billy Wilder, Ígor Stra-
vinski o Charles y Ray Eames. Visitó la oficina de
los Eames, trabajaron juntos en el proyecto de
una película sobre uno de sus dibujos que nunca se realizó, y Steinberg hizo las famosas intervenciones en las piezas de mobiliario de fibra de
vidrio en las que los Eames estaban trabajando, y
que son piezas muy interesantes para entender la
filosofía de Steinberg.

Steinberg había nacido en Rumanía y, después
de haber estudiado durante un año en la facul-
tad de Filosofía, se había matriculado y graduado
en Arquitectura en Milán. Pudo viajar a Estados
Unidos en 1942 huyendo del fascismo gracias a
la invitación de la revista *The New Yorker*, para
quien hacía ilustraciones y caricaturas (y, más

tarde, multitud de portadas). Por esta experiencia vital y su formación, su mirada era especialmente ácida y a la vez lúcida. Y su técnica era de lo más original, pues le sirvió para experimentar códigos de comunicación visual que todavía hoy resultan novedosos. Algo realmente interesante en el trabajo de Steinberg es, precisamente, la utilización de situaciones y materiales existentes, ya producidos, para reivindicar su carácter humano, como en las piezas de mobiliario de los Eames sobre las que él dibujó personajes. En muchos dibujos utilizaba materiales como el papel milimetrado a modo de metáfora de lo estandarizado y lo industrializado, sobre los que trazaba el dibujo a mano, casi espontáneo, que representa la adaptación humana a esa situación existente. Podría interpretarse como el contraste entre un sistema industrial impuesto y la adaptación de la vida, que no tiene las lógicas de lo estándar. Exactamente lo que expresa el fotomontaje de la cajonera de la que hablamos, o la idea de vivienda caja de Ignacio Paricio.

## Forma abierta

Durante los años centrales de la segunda mitad del siglo XX se detectó hasta qué punto la autonomía (o, como mínimo, la participación) de los habitantes a la hora de definir la ciudad podía facilitar un acceso universal a la vivienda. Se trata de una opinión compartida por múltiples autores desde diferentes perspectivas. Por citar casos paradigmáticos de áreas muy diversas, en el ámbito artístico y arquitectónico Oskar y Zofia Hansen defendieron en el CIAM de Otterlo de 1959 la importancia de la "forma abierta" como mecanismo para asegurar que la arquitectura se completara con la apropiación por parte de los usuarios. En el ámbito urbano, ya hemos visto cómo Jane Jacobs promovió al inicio de la década de 1960 la participación de los ciudadanos en las decisiones urbanas de sus comunidades. O, desde los aspectos más tecnológicos, Nicholas Negroponte trabajó desde los inicios de la década de 1970 en la autonomía de los habitantes para definir sus viviendas mediante la interacción computacional. Otro caso paradigmático es el del profesor Christopher Alexander, matemático y arquitecto al que ya hemos mencionado antes. Tanto en *Ensayo sobre la síntesis de la forma* (1964)[11] como en textos posteriores, especialmente *Un lenguaje de patrones*,[12] Alexander defendió la capacidad de los individuos y los grupos sociales para definir su propio hábitat, reproduciendo los mecanismos intemporales de construir que cada cultura ha sido capaz de adaptar a sus propias necesidades.

Es también la época, y esto nos permite identificar un contexto propiamente estructuralista y transdisciplinar, en la que el escritor y filósofo Umberto Eco publicó su *Obra abierta*,[13] un curioso

ensayo que estudia aquellas estructuras indetermi-
nadas que invitan a ser interpretadas activamente
(utiliza el ejemplo de músicas interpretadas de
manera diferente que emergen de la misma par-
titura). A su vez, muchos creadores contemporáneos de distintas disciplinas investigaron en este
momento las posibilidades creativas de este concepto. En cierta manera, podemos reconocerlo en
la dramaturgia de Bertolt Brecht, o en el cine de la
*nouvelle vague*. Otros estructuralistas importantes,
como Roland Barthes, consideraron, a partir de
esta apertura, que se había llegado a aquello que
se dio en conocer como "la muerte del autor". Este
espíritu estructuralista y a la vez libertario estaba
presente en el ambiente cultural cuando el arquitecto N. John Habraken definió su "teoría de los
soportes". La expuso en su libro *El diseño de soportes*,[14] donde intenta encontrar estrategias para
la participación de los residentes en la definición
de los proyectos de vivienda masiva que se estaban
llevando a cabo en la década de 1950 en diferentes
partes del mundo. En esta teoría, Habraken busca
un equilibrio entre la iniciativa pública y la participación de los ciudadanos, y propone que la arquitectura residencial pueda desarrollarse en dos
momentos sucesivos, de manera que las políticas
públicas proporcionen la infraestructura básica de
soporte del edificio (*base building*) y los habitantes tengan un margen suficiente de libertad para

la definición de sus propios interiores domésticos (*infill*). Habraken defiende que los usuarios tienen diferentes valores y necesidades, por lo que propone encontrar una solución que se adapte a todos: "Una casa es una cosa personal y debe adaptarse al usuario".

Tanto los trabajos en Eindhoven del SAR —el grupo que Habraken dirigió para promover la investigación tecnológica de las posibles soluciones de soporte— como el movimiento Open Building —una red internacional informal dedicada a la divulgación e implementación de propuestas de este tipo de soluciones— tienen su origen en la teoría de los soportes, lo que demuestra su influencia en los procesos de innovación de vivienda colectiva que incorporan la intervención de los habitantes. Como anécdota, es especialmente reseñable la interpretación de la teoría que hace Stewart Brand, el científico, activista y divulgador que fue conocido por editar el *Whole Earth Catalog* y que definió el esquema de las seis eses (*stuff, space-plan, services, skin, structure, site*: trastos, plan espacial, instalaciones, piel, estructura y emplazamiento) [fig. 11], donde sistematiza la división entre soporte y relleno que planteaba Habraken. Brand lo publicó en el texto *How Buildings Learn*,[15] interesante, además, por ser el origen de la serie de televisión que él mismo condujo en la BBC en 1997.

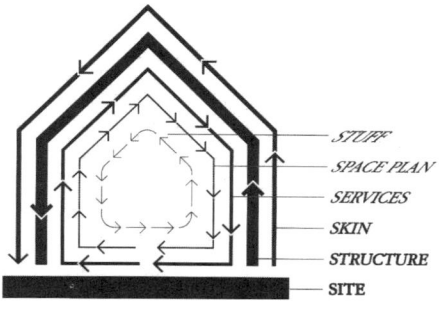

STUFF
SPACE PLAN
SERVICES
SKIN
STRUCTURE
SITE

11

Volviendo a Habraken, debe destacarse cómo en la misma explicación de su teoría muestra diagramas en los que recela abiertamente de la solución residencial "moderna", ejemplificada en el sistema estructural Dom-ino de Le Corbusier [fig. 12]. Considera que la planta libre —o, en todo caso, el esqueleto estructural— no resuelve las necesidades

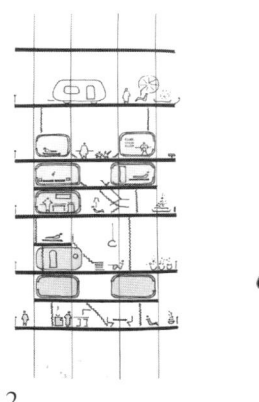

12

infraestructurales que tendrán los habitantes y sobre las que el diseño del soporte deberá incidir para dar asistencia a la futura diversidad de ocupación. Al mismo tiempo, Habraken muestra un esquema que insinúa la capacidad de los soportes para acoger múltiples configuraciones habitacionales, no solo diversidad de tipologías, sino elementos similares a cápsulas autónomas incorporadas a una superestructura (o megaestructura, en términos de Reyner Banham) que las aloja. De nuevo, volvemos a leer relaciones visuales figurativas entre este ideograma y las arquitecturas tipo *plug-in*, el metabolismo japonés o, claramente, las arquitecturas nómadas o temporales, ya sea por emergencia o por ocio, que podemos reconocer, por ejemplo, en el proyecto del Trailer Cage de Archigram [fig. 13], que es casi

13

un desarrollo de la imagen de Habraken. Hay, de hecho, toda una genealogía visual que desarrolla esta aproximación. Podemos identificar un ejemplo pionero en el dibujo de A. B. Walter publicado en la revista *Life* de 1909 [fig. 14], que Rem Koolhaas usa como referencia en *Delirio de Nueva York*. Tenemos, por supuesto, el Plan Obús de Le Corbusier para Argel, en el que la diversidad tipológica es mucho más radical que en la Unité

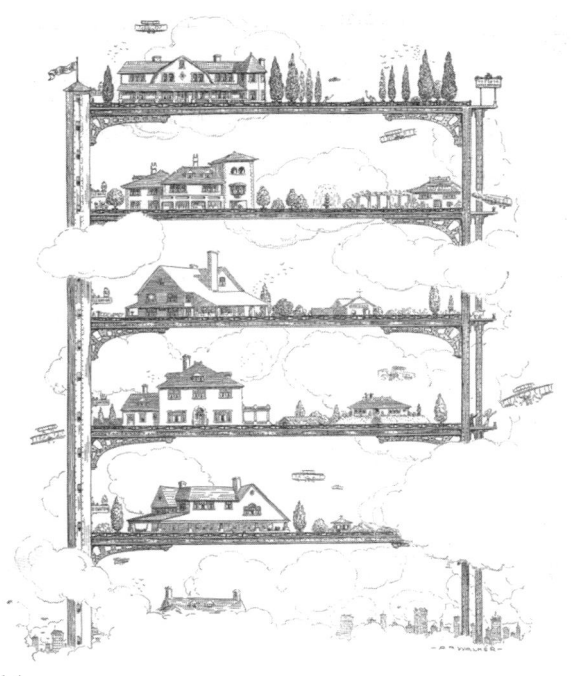

14

d'Habitation. Y sabemos de ejemplos posteriores a Habraken, como el proyecto Highrise of Homes [fig. 15] de James Wines para SITE, que replica la idea de provisión de superficie en altura para la colonización individualizada de los habitantes.

En cualquier caso, pese a la profunda influencia de su teoría y pese a ser una de las propuestas

15

más específicas de las emergidas en esta atmósfera de interés por la participación social en los proyectos residenciales, la forma abierta nunca se llegó a consolidar como respuesta al problema de la vivienda en serie y la planificación urbana del crecimiento, del mismo modo que tampoco lo lograron otras tendencias, como el *townscape* o el *new urbanism*.

## Ciudad difusa, vivienda difusa

Pese a todo, la influencia de la forma abierta, tanto metodológica como visual, sigue presente en algunas tendencias de la arquitectura residencial contemporánea. En este sentido, si algo se ha hecho evidente en las últimas décadas es el carácter difuso tanto de la extensión urbana como de los propios modelos residenciales contemporáneos. La concepción del hogar como un elemento difuso (falto de claridad o concisión, según su definición más ortodoxa) está íntimamente relacionada con estas cuestiones. De hecho, el uso del adjetivo *difuso* no es una circunstancia nueva en el campo del diseño. Hace décadas fue utilizado por urbanistas y teóricos como Francesco Indovina y Bernardo Secchi para describir el concepto de ciudad difusa, un modelo teórico de organización urbana dispersa y espontánea, bastante popular en la década de 1990.[16] Es la idea de la *città diffusa*, concepto que posteriormente ha tendido a asociarse al fenómeno del esparcimiento urbano (*sprawl*). Más tarde fue utilizado por el diseñador italiano Ezio Manzini para establecer una contraposición con el concepto de "diseño experto".[17] Para Manzini, el "diseño difuso" es aquel en el que personas sin experiencia o formación profesional específica hacen uso de sus capacidades naturales para diseñar. Otro diseñador y arquitecto italiano, Andrea Branzi —fundador de Archizoom en la década de 1960 y miembro del grupo Memphis en la de 1980— ha utilizado el concepto "difuso" para referirse a la condición inmaterial de la modernidad, donde la arquitectura no aporta un valor figurativo, sino que se diluye en las infraestructuras y sistemas orgánicos y evolutivos que habilitan un ecosistema de espacios disperso, invertido e informal.[18]

Bajo una perspectiva equivalente, y recogiendo estas interpretaciones terminológicas, podemos hablar hoy de vivienda difusa como aquella que enfoca modelos habitacionales dispersos y espontáneos, que puede incorporar en su diseño las capacidades naturales de las personas, pero también las condiciones que le brinda el entorno construido en el que se inscribe, y que explora las características de los sistemas informales, no figurativos, en su definición tipológica. Características como la participación, la recuperación de los entornos construidos existentes o los diseños que imaginan otros con los usos y habitantes futuros de la vivienda redefinen los métodos creativos aplicados al diseño arquitectónico. Esto es especialmente relevante en el campo de la arquitectura residencial, donde los habitantes, las infraestructuras construidas del pasado y las expectativas del futuro juegan un papel fundamental en la definición de vivienda. En particular, podemos identificar tres circunstancias que muestran características fundacionales de modelos de alojamiento colectivo que hoy día se reconocen como tendencias alternativas a la producción comercial de edificios residenciales plurifamiliares: desde un punto de vista metodológico, el carácter participativo y cocreativo; desde un punto de vista contextual y técnico, la consideración del entorno construido como el lugar que acogerá sucesivas apropiaciones y configuraciones del hábitat; y, desde un punto de vista tipológico, el carácter distribuido (no centralizado) de los componentes que configuran la vivienda. Citemos algunos ejemplos para reconocer este panorama.

En relación con los aspectos metodológicos podríamos identificar toda una genealogía de proyectos codiseñados con los futuros habitantes, que fácilmente podemos enlazar con las propuestas pioneras de Lucien Kroll o Giancarlo De Carlo, por nombrar dos referentes conocidos. Un lugar importante en esa genealogía sería para el proyecto de Molenvliet (1977) [fig. 16] en Países Bajos, directamente influenciado y participado por el SAR de Habraken. El proyecto de arquitectura definió una infraestructura y los habitantes codiseñaron sus viviendas con técnicos e interioristas, convirtiéndose para muchos en el primer *open building* de la historia. Otro ejemplo

16

17

sería el proyecto Ökohaus [fig. 17] de Berlín de 1988, donde Frei Otto y su equipo exploraron las condiciones de una infraestructura que había de permitir las sucesivas apropiaciones por parte de los habitantes. Y sería muy fácil poner en relación aquellas experiencias con los procesos que actualmente se desarrollan en el ámbito de los nuevos modelos de vivienda cooperativa con cesión de uso del suelo, especialmente en Barcelona, pero también en otras ciudades españolas, muy relacionados con alternativas de acceso a la vivienda que se reconocen hoy día con la etiqueta de *cohousing* o vivienda colaborativa, y cuyas experiencias en Austria, Suiza, Dinamarca y otros países europeos están teniendo una enorme influencia.

Respecto a los aspectos contextuales, se ha producido un giro importantísimo en el reconocimiento del entorno construido como primer recurso para el trabajo arquitectónico de adaptación del hábitat. Lo que en Habraken era el primer paso para lo que él conocía como "thematic design" —el reconocimiento de un *pattern* sobre el que se pueden prediseñar las variables—, en la arquitectura actual se desarrolla en procesos de rehabilitación y recuperación de arquitecturas, ya cuenten con un pasado residencial o no. Un ejemplo paradigmático, también relacionado con los aspectos metodológicos, podría ser el proyecto vienés Sargfabrik [fig. 18], de BKK-3, donde una cooperativa

18

recupera nada menos que una antigua fábrica de ataúdes como parte del complejo en el que vivirán todas estas personas. Un aspecto interesante de la utilización del entorno construido como primera base de proyecto es el reconocimiento de las capas que tienen una durabilidad utilizable y de aquellas que deben ser sustituidas. El trabajo de Lacaton & Vassal en muchos proyectos se basa precisamente en aprovechar la estructura habitada existente para aportar un plus espacial simplemente sustituyendo la piel y dotándola de grosor y nuevas cualidades [fig. 19]. También procesos mucho más complejos, como intervenciones en antiguos polígonos residenciales (por ejemplo, el de Bijlmer, en Ámsterdam, al que nos hemos

19

referido antes), dan lugar a proyectos como deFlat Kleiburg, basado en el reconocimiento de los elementos existentes con capacidad de uso, en este caso estructurales, para superponer en ellos nuevos modelos tipológicos temáticos que reconocen ese patrón estructural. De hecho, es también un ejemplo representativo de la implicación de los futuros habitantes en diferentes fases del proceso, como la promoción o la construcción. Y también nos resultan muy familiares ejemplos de reutilización de estructuras industriales como recintos sobre los que construir espacios residenciales. En el caso de la recuperación del complejo fabril Fabra i Coats en Barcelona para uso residencial, se hace evidente el trabajo previo de identificación de capas y durabilidades para recuperar aquellas de la edificación original (aquí la piel y la modulación estructural) que son perfectamente utilizables para los nuevos usos.

En cuanto a los aspectos tipológicos, y teniendo en cuenta el valor del tiempo en la prefiguración de futuros usos y habitantes, se reconoce una tendencia hacia la utilización de modelos tipológicos descentralizados, propios de las composiciones tipo *cluster* (según la terminología de los Smithson) o tipo *mat-building*, mucho más versátiles a la hora de definir ocupaciones no jerárquicas y fácilmente sustituibles. Podemos fijarnos en algunos casos de *clusters* que son fácilmente reconocibles. Quizás no el más famoso, pero sí uno de los más originales, podría ser el proyecto del arquitecto japonés Jun Igarashi para el pabellón Toyota City Aitai Exchange (2006) [fig. 20], en el que se materializa de

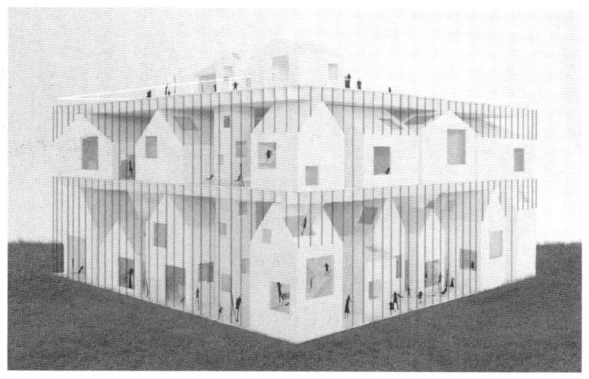

20

manera propiamente figurativa el imaginario de elementos dispersos sobre una infraestructura común que hemos visto en el esquema de Habraken o en los proyectos de Archigram, SITE, etc. En el proyecto de Igarashi podemos ver la traducción en planta de este tipo de arquitecturas, constituidas como un archipiélago de recintos sumergidos en un espacio compartido y de distribución "difusa". Muy relacionado con este proyecto —y prácticamente contemporáneo—, encontramos un ejemplo mucho más conocido del también japonés Ryue Nishizawa: la casa

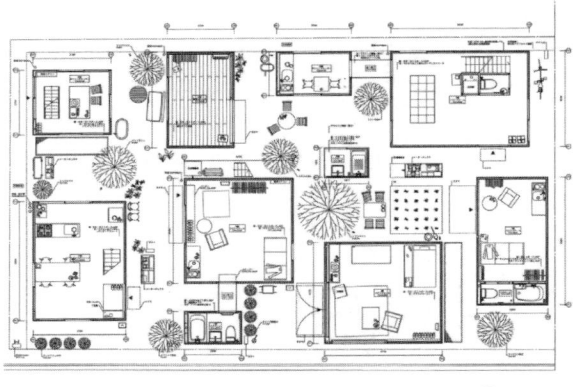

21

Moriyama [fig. 21], una vivienda unifamiliar pensada para poder individualizar el uso de sus piezas que en un único nivel reproduce esta idea de archipiélago o *cluster*. De alguna manera, este modelo de distribución doméstica se distancia de la dicotomía que podía leerse entre habitaciones interconectadas y viviendas con pasillos del famoso texto de Robin Evans "Figuras, puertas y pasillos".[19] O, en todo caso, se mantiene la intimidad pudorosa de los interiores británicos del siglo XVII a los que Evans aludía, eliminando, eso sí, la jerarquía centralizadora del pasillo. Por eso podemos hablar de tipologías descentralizadas. No es Nishizawa el primero en explorar este modelo residencial, sino que, de nuevo volviendo a la década de 1960 y a experiencias que se

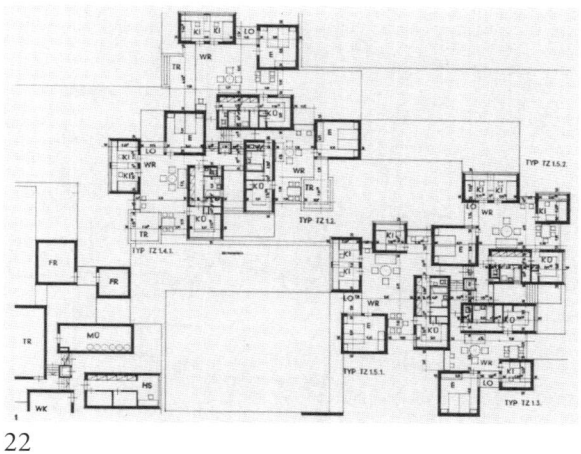

22

estaban dando en el contexto del Team X, podemos reconocer proyectos de *cluster* como el de
Neue Stadt [fig. 22] para Colonia, de Oswald
Mathias Ungers, donde las tipologías se constru-
yen mediante cajas determinadas por usos privativos en medio de un espacio indefinido, difuso,
que las conecta. Esta misma idea la vemos especialmente reproducida hoy día en tipologías residenciales de vivienda colaborativa en las que
diferentes grupos de convivencia ocupan esos
espacios privativos, delegando el espacio difuso a
todas las funciones que pueden ser compartidas
por el conjunto de la comunidad que habita el
edificio. Llevado a la arquitectura residencial contemporánea, es el caso de la casa A en Hunziker

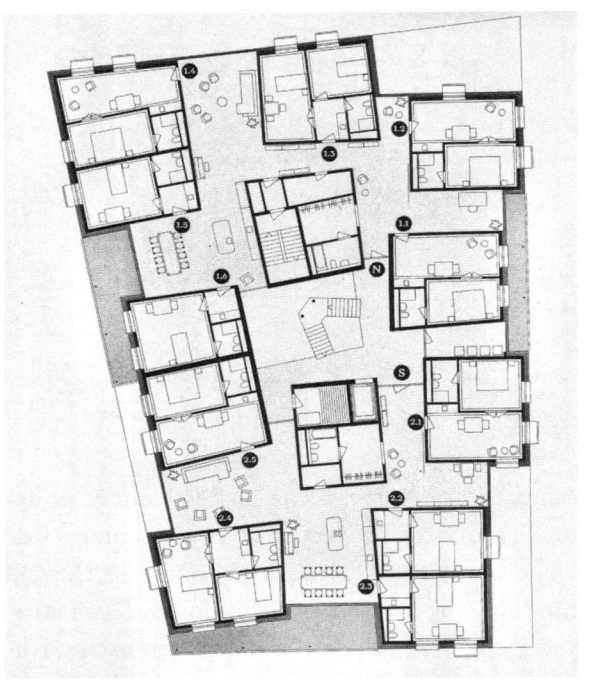

23

Areal [fig. 23], con proyecto de Duplex Architekten para la cooperativa More than Housing.

Y no podemos olvidar que este carácter difuso o descentralizado de las tipologías residenciales de la actualidad no solo está presente en aquellas que eluden la presencia del pasillo mediante ámbitos fluidos que organizan el archipiélago de funciones, sino que también hay un regreso a la concatenación de habitaciones que, volviendo a Evans, constituían la lógica distributiva de la Italia del XVI. Seguramente bajo la influencia de una cierta emancipación tipológica promovida por el impulso crítico de prácticas como la de Dogma (Pier Vittorio Aureli y Martino Tattara) [fig. 24] o el trabajo de OFFICE Kersten Geers David Van Severen, se sitúa un universo residencial de habitaciones concatenadas en el que los estudios catalanes Peris + Toral, Carles Enrich, MAIO o Harquitectes han desarrollado ejemplos significativos. En todos los casos, la búsqueda de flexibilidad en la ocupación de los espacios y la eliminación de jerarquías sociales en su uso han convertido las tipologías

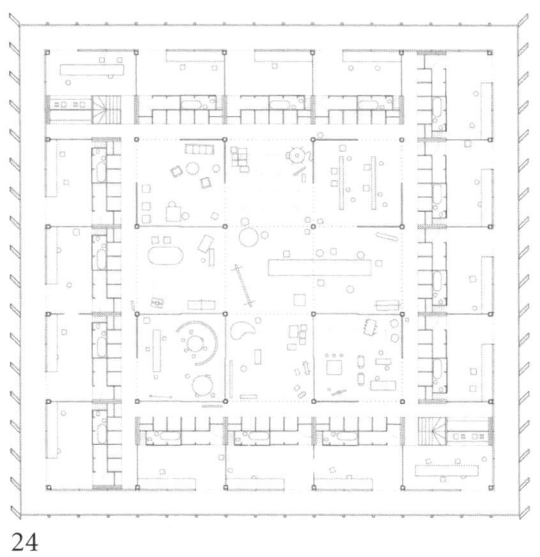

24

descentralizadas en exponentes del carácter difuso de la vivienda contemporánea.

Exploraciones, pensamientos, ideas y teorías surgidas a mediados del siglo XX adquieren en los últimos años una relevancia especial por la incertidumbre, la escasez de recursos o la necesidad de arquitecturas contingentes con la que vivimos en el siglo XXI. El adjetivo *difuso* nos sirve para referirnos a estos modelos de vivienda por diferentes motivos, pero, si tuviéramos que destacar uno, seguramente sería el hecho de incorporar en el proceso de codiseño a quienes habitarán las viviendas. Desde esta perspectiva ha definido el concepto Ezio Manzini: "El resultado del diseño difuso es que la sociedad en su conjunto puede verse como un enorme laboratorio en el que se producen formas sociales, soluciones y significados sin precedentes y se crea innovación social",[20] una innovación social en la que los protagonistas al hablar de arquitectura son las personas que la promocionan, la gestionan y la habitan. Y que nos ayudan a recordar que el diseño debe ser capaz de incorporarlas en el proceso para que, parafraseando a Alison Smithson, las pautas de vida definan la forma cambiante de la vivienda.

## Condiciones para un mundo difuso

Parte de la responsabilidad de analizar la ciudad y la vivienda contemporánea está relacionada con nuestra capacidad para prever cómo evolucionará el hábitat colectivo en el futuro. Por eso, para finalizar es importante que entreveamos cómo incorporar a las nuevas figuraciones aquellas condiciones de calidad y equilibrios en sus jerarquías de uso que podemos reconocer en algunas experiencias actuales. Es posible interpretar una serie de condiciones genéricas y abstractas del mundo contemporáneo bajo las que se perfila ese hábitat colectivo en el presente/futuro inmediato. Teniendo en cuenta los ejemplos que hemos citado antes, podemos afirmar que estas condiciones ya son visibles en el parque construido, y que dibujan un horizonte de estrategias de innovación particularmente rico en la arquitectura residencial. Concretamente, cabe mencionar tres características: la condición de escasez, la condición de incertidumbre y la condición de contingencia.

Hablar de escasez es reconocer una insuficiencia. Cuando consideramos que aquello de lo que disponemos es escaso, puede ser por dos factores: o tenemos pocos recursos o tenemos demasiadas necesidades. Elevado a la esfera global y considerando los datos que proporcionan los Estados y otras instituciones internacionales, es patente que en el mundo actual se dan las dos circunstancias: por una parte, estamos agotando los recursos del planeta, llegando en muchos aspectos a lo que se conoce como las "fronteras planetarias" (pérdida de integridad de la biosfera, cambios en los flujos biogeoquímicos, pérdida de suelo natural, cambio climático, etc.) y, por otra parte, hemos promocionado un modelo de vida de excesos provocado por el consumo masivo (accesible de manera desequilibrada dependiendo de la parte del mundo en la que se vive) como garante de un ficticio estado del bienestar. El capitalismo y la sociedad de consumo están irremediablemente tras este problema, que David Harvey ha definido como "la cuestión medioambiental".[21] Harvey se refiere a las diferentes capas que envuelven la cuestión, que resume en cuatro: la escala social, la política, la económica y la ecológica. De acuerdo con su trabajo, las relaciones de dependencia mutua que existen entre todas las escalas provocan que la cuestión medioambiental esté vinculada tanto al sistema económico y político como al modelo de sociedad y de consumo de recursos ecológicos. Son lo que podemos identificar como las diferentes dimensiones de la escasez que experimenta el mundo contemporáneo. Escasez a escala económica, con crisis cada vez más frecuentes y desequilibrios más pronunciados; escasez a escala política, con la falta de participación por la gobernanza neoliberal; escasez a escala social, por la apatía ante la injusticia social; y escasez a escala ecológica, reflejada en el calentamiento global y el cambio climático. En el contexto del hábitat, la escasez afecta de múltiples maneras, por ejemplo, la propia falta de viviendas asequibles para dar cobijo al conjunto de la población de un buen número de lugares. Por su parte, esta escasez motiva la precariedad de muchos asentamientos, independientemente del grado de desarrollo económico del país. Existe una crisis residencial que se ha convertido en emergencia habitacional por la imposibilidad de acceder a la vivienda por parte de capas importantes de la población. Por tanto, el acceso a la vivienda y las estrategias arquitectónicas para facilitarlo constituyen uno de los retos fundamentales que provoca este primer factor.

Una segunda característica evidente para los analistas de la sociedad contemporánea es lo que conocemos como incertidumbre. Podríamos definirla como la propia incapacidad para conocer el estado real de una situación. En el ámbito científico es conocido el principio de incertidumbre de Heisenberg que, aunque aplicado al conocimiento de las ondas en el ámbito de la física cuántica, viene a asumir que el conocimiento de un fenómeno siempre será inexacto porque la propia observación genera cambios en él. Trasladado a la reflexión sobre la sociedad del siglo XXI, probablemente quien mejor ha desarrollado esta apreciación es el sociólogo Zygmunt Bauman, un analista posmarxista de la modernidad, a la que ha calificado como "líquida". Con este adjetivo se refiere a aquella entidad cuya naturaleza evolutiva limita el conocimiento que de ella se puede obtener porque, para cuando hemos terminado de analizarla, ya ha cambiado. Los procesos del mundo contemporáneo, la globalización, el imperialismo comercial, el monopolio neoliberal, las tecnologías de la información y comunicación, las redes sociales..., la propia velocidad con la que el mundo evoluciona y se desequilibran y reequilibran sus capas lo convierten en un mundo líquido, al que nos acercamos desde la incertidumbre. La rapidez de los cambios es tal que hasta favorece la aparición de teorías como el aceleracionismo, o el pensamiento de que una aceleración exacerbada del capitalismo podría dar lugar a un cambio social extremo y a un futuro social poscapitalista.

De nuevo, si observamos el contexto del hábitat, la incertidumbre se manifiesta en múltiples circunstancias, entre las que podríamos destacar la rapidez con la que se desarrollan los cambios en los modelos sociales. Si la vivienda en un contexto concreto ha estado asociada histórica y culturalmente a un determinado modelo de convivencia, a un modelo productivo-reproductivo o a un paquete de funciones habitacionales, la vivienda del siglo XXI se caracteriza por la incertidumbre en lo referente a las necesidades funcionales, los grupos de convivencia o las propias relaciones domésticas de cohabitación. Emerge la necesidad de revisar los conceptos de flexibilidad, adaptabilidad, polifuncionalidad, versatilidad, etc., no tanto por la capacidad performativa de un uso elástico de la vivienda como por la necesidad de adaptación al cambio (de habitantes, de modelo residencial, de concepción del hábitat…).

La tercera característica que podemos rescatar para imaginar el hábitat futuro será el concepto de contingencia: cualquier cosa podría ser otra cosa diferente de la que es (cualquier cosa puede suceder o no suceder). Podríamos considerar esta circunstancia parcialmente heredera de la anterior; si vivimos en un contexto de incertidumbre, a nadie le resultará sorprendente que aquello que tenía una identidad pueda pasar a tener otra diferente. Incluso si exploramos de nuevo el contexto científico descubriremos paradojas, como el experimento de Schrödinger (en el modelo teórico de su experimento, un gato puede estar vivo y muerto a la vez, circunstancia paradójica, contradictoria y, por supuesto, contingente), que nos permiten afirmar que existen propiedades físicas capaces de superponerse.

En general, la ciudad y la arquitectura, y sus teorías, se han intentado construir en la historia a base de certezas, objetivos pragmáticos y producciones intencionadas. Pero el diseño dejó hace décadas de ser una disciplina instrumental circunscrita exclusivamente a la solución de problemas (*problem-solving*), sino que también está implicada en la reflexión sobre su existencia (*problem-finding*). Los propios objetivos a los que se enfrenta la disciplina de la ciudad pertenecen hoy a otro rango de acción, si comprendemos que el trabajo de producción espacial implica la participación de muchos más actores (comunidades de usuarios, estamentos políticos, capas de participantes en la construcción, etc.). En términos de Henri Lefebvre, la producción del espacio es social y, por ello, inherentemente política.[22] Por tanto, la producción del espacio, especialmente del hábitat, requiere el reconocimiento de la contingencia de las circunstancias y convierte la acción de la planificación y de la arquitectura en la negociación entre los posibles estados de transición. Desde esa premisa, conviene recordar la enseñanza de Cedric Price cuando nos recuerda que la mejor solución a un problema espacial no ha de ser necesariamente la construcción de nueva arquitectura.

## Notas

[1] Hall, Peter, *Cities of Tomorrow*, Basil Blackwell, Oxford, 1988 (versión castellana: *Ciudades del mañana*, Ediciones del Serbal, Barcelona, 1996).

[2] Véase: Banham, Reyner; Barker, Paul; Hall, Peter y Price, Cedric, "Non-Plan: An Experiment in Freedom", *New Society*, núm. 338, Londres, marzo de 1969 (versión castellana: "Sin plan: un experimento sobre la libertad", en Falagán, David H. (ed.), *Cedric Price: una arquitectura de la aproximación*, Puente editores, Barcelona, 2022, págs. 81-106).

[3] Smithson, Alison y Peter, "An Alternative to the Garden City Idea", *Architectural Design*, vol. 26, núm. 7, Londres, 1956, págs. 229-231.

[4] Norman, Donald A., *The Psychology of Everyday Things*, Basic Books, Nueva York, 1988 (versión castellana: *El diseño de las cosas cotidianas*, Capitán Swing, Madrid, 2024).

[5] Paricio, Ignacio, "Construyendo hábitos. Alternativas a la vivienda: del estuche a la caja", *Arquitectura Viva*, núm. 49, Madrid, julio-agosto de 1996.

[6] Steinberg, Saul, *The Art of Living*, Harper & Brothers, Nueva York, 1949.

[7] Perec, Georges, *La Vie: mode d'emploi*, Hachette, París, 1978 (versión castellana: *La vida: instrucciones de uso*, Anagrama, Barcelona, 1992).

[8] Perec, Georges, *Espèces d'espaces*, Galilée, París, 1974 (versión castellana: *Especies de espacios*, Editorial Montesinos, Barcelona, 2003).

[9] Ibíd., pág. 72.

[10] Eames, Charles, "What Is a House?", *Arts & Architecture*, Los Ángeles, julio de 1944 (versión castellana: "¿Qué es una casa?", en *¿Qué es una casa? ¿Qué es el diseño?*, Editorial Gustavo Gili, Barcelona, 2007).

[11] Alexander, Christopher, *Notes on the Synthesis of Form*, Harvard University Press, Cambridge (Mass.), 1964 (versión castellana: *Ensayo sobre la síntesis de la forma*, Infinito, Buenos Aires, 1969).

[12] Alexander, Christopher, *A Pattern Language: Towns, Buildings, Construction*, Oxford University Press, 1977 (versión castellana: *Un lenguaje de patrones: ciudades, edificios, construcciones*, Editorial Gustavo Gili, Barcelona, 1980).

[13] Eco, Umberto, *Opera aperta*, Bompiani, Milán, 1962 (versión castellana: *Obra abierta*, Seix-Barral, Barcelona, 1965).

[14] Habraken, N. John, *Supports: An Alternative to Mass Housing*, The Architectural Press, Londres, 1972 (versión castellana: *El diseño de soportes*, Editorial Gustavo Gili, Barcelona, 1979).

[15] Brand, Stewart, *How Buildings Learn: What Happens After They're Built*, Penguin Books, Nueva York, 1994.

[16] Indovina, Francesco (ed.), *La città diffusa*, DAEST-IUAV, Venecia, 1990.

[17] Véase: Manzini, Ezio, *Design, When Everybody Designs: An Introduction to Design for Social Innovation*, The MIT Press, Cambridge (Mass.), 2015 (versión castellana: *Cuando todos diseñan: una introducción al diseño para la innovación social*, Experimenta, Madrid, 2015).

[18] Véase: Branzi, Andrea, *Weak and Diffuse Modernity: The World of Projects at the Beginning of the 21st Century*, Skira, Milán, 2006.

[19] Evans, Robin, "Figures, Doors and Passages", en *Translations from Drawing to Building and Other Essays*, Architectural Association, Londres, 1997 (versión castellana: "Figuras, puertas y pasillos", en *Traducciones*, Pre-Textos, Valencia, 2005).

[20] Manzini, Ezio, *op. cit.*

[21] Harvey, David, "The Nature of Environment: Dialectics of Social and Environmental Change", *Socialist Register*, vol. 29, 1993.

[22] Lefebvre, Henri, *La Révolution urbaine*, Gallimard, París, 1970 (versión castellana: *La revolución urbana*, Alianza, Madrid, 1972).

# Agradecimientos

Este ensayo se ha llevado a cabo con motivo de la beca MAEC-AECID en la Real Academia de España en Roma en 2022-2023. El desarrollo de trabajos de campo en el barrio del Pigneto permitió poner en relación investigaciones previas y reflexiones posteriores sobre la figura de las periferias y la vivienda. En particular, la introducción de la primera parte tiene su origen en diferentes proyectos de investigación. Entre ellos destaca "La revolución del entorno cotidiano obrero y popular: vivienda y espacio urbano en el distrito de Nou Barris de Barcelona, 1950-1975" [HAR2017-82965-R], financiado por MCIN/AEI/10.13039/501100011033/ y por FEDER "Una manera de hacer Europa", desarrollado junto a José Luis Oyón, Manel Guàrdia y Maribel Rosselló. La investigación ha tenido continuidad con el proyecto "Cambio social y transformación urbana en la Barcelona obrera: las grandes transformaciones en el barrio, el urbanismo y la vivienda en el eje del Besós, 1920-1980" [PID2022-136744NA-C32], financiado por MCIN/AEI/10.13039/501100011033/ y por FEDER "Una manera de hacer Europa". También se muestra lo aprendido en el proyecto de investigación "Memoria de las luchas por la vivienda en Barcelona", financiado por el Institut de Cultura del Ajuntament de Barcelona, desarrollado junto con Zaida Muxí, Josep Maria Montaner y Cristina Poza.

# Origen de las ilustraciones

1: United States Geological Survey; 2: fotografía de Steve Cadman; 3: fotografía de Joost Evers/Anefo; 4, 5 y 6: fotografías de David H. Falagán; 7: extraída de Xavier Monteys, *Le Corbusier. obras y proyectos*, Editorial Gustavo Gili, Barcelona, 2005; 8 y 9: extraídas de *Saul Steinberg. Between the Lines*, Prestel, Viena, 2022; 10: extraída de *Arts & Architecture*, núm. 61, julio de 1944; 11: extraída de Stewart Brand, *How Buildings Learn*, Penguin, Nueva York, 1994; 12: extraída de N. John Habraken, *Supports: An Alternative to Mass Housing*, The Architectural Press, Londres, 1972; 13: Ron Herron; 15: SITE; 16: Frans van der Werf; 17: extraída de Jorge Enrique Giménez, *Ökohaus, viviendas en el jardín*, UPC (tesis de máster), Barcelona, 2011; 18: Haeferl; 19: Lacaton & Vassal; 20: Jun Igarashi; 21: Ryue Nishizawa; 22: extraída de O. M. Ungers, "Zum Projekt 'Neue Stadt' in Köln", *Werk*, núm. 7, 1963; 23: Duplex , y 24: Dogma.

**David H. Falagán** (Salamanca, 1977) es arquitecto y doctor en Teoría e Historia de la Arquitectura. Es profesor del departamento de Teoría e Historia de la Arquitectura y Técnicas de Comunicación de la Universitat Politècnica de Catalunya, codirector de la Cátedra Barcelona de Estudios de Vivienda e investigador principal del proyecto PERIFERIA. Es autor de libros como *Innovación en vivienda asequible: Barcelona 2015-2018* (Ajuntament de Barcelona, Barcelona, 2019), *Innovación tecnológica en la arquitectura de Tous y Fargas* (Editorial CSIC, Madrid, 2020) o *Arquilecturas. Páginas construidas del siglo XX* (Ediciones Asimétricas, Madrid, 2024). También ha traducido y editado *Cedric Price: una arquitectura de la aproximación* (Puente editores, Barcelona, 2022). Fue becario de la Real Academia de España en Roma el año académico 2022-2023.